通常の学級でやさしい学び支援

改訂 読み書きが苦手な子どもへの〈漢字〉支援ワーク

令和６年度版 教科書対応

東京書籍 ４年

◇ **読めた！書けた！**漢字って簡単でおもしろい！
◇ 漢字の特徴をとらえた**新しいアプローチ！**
◇ **教科書**の新出漢字が楽しく学習できる**ワークプリント集**

竹田契一 監修 村井敏宏・中尾和人 著

明治図書

はじめに

　平成十九年から全国の小中学校で一斉に開始された特別支援教育。それは、子どもたち一人ひとりがどこでつまずいているのかをしっかり把握し、その子の学び方に応じて支援をしていくという新しい教育プログラムのスタートでした。中でも読み書きが苦手な子どもたちへどのように支援していくかが大きな課題でもありました。

　しかし発達障害が背景にある読み書きが苦手な子どもの場合、単なるケアレスミス、うっかりミスで出来ないのではなく、聴く力では音韻認識の弱さ、見る力では視空間処理の弱さなど大脳機能が関係する中枢神経系の発育のアンバランスが原因であることが多いのが特徴です。この場合、「ゆっくり、繰り返し教える」という学校、家庭で使われている一般的な方法では、その効果に限界がみられます。

　この〈漢字〉支援ワークは新しい教科書に合わせた内容になっており、しかも教室で教わる順番に漢字学習ができるようにセットされています。またこのワークは著者の村井敏宏、中尾和人両先生方のことばの教室での長年の経験を通して子どもたちの認知特性に合わせた貴重な指導プログラムの集大成となっています。左記のような「つまずき特性」を持った子どもに対してスモールステップで丁寧に教える〈漢字〉支援のワークシートとなっています。ぜひご活用ください。

1．読みが苦手で、読みから漢字を思い出しにくい。
2．形を捉える力が弱く、漢字の形をバランス良く書けない。
3．「視機能、見る力」が弱く、漢字の細かな形が捉えられない。
4．多動性・衝動性があるため、漢字をゆっくり丁寧に書くことが苦手。
5．不注意のために、漢字を正確に覚えられず、形が少し違う漢字を書いてしまう。

　漢字が苦手な子どもは、繰り返し書いて練習するだけでは覚えていけません。一人ひとりの特性に応じた練習方法があります。〈漢字〉支援ワークを使ってつまずきに応じた練習をすることにより、自分の弱点の「気づき」につながり、「やる気」を促します。

　読み書きが苦手な子どもが最後に「やった、できた」という達成感を得ることが出来ることを願っています。

監修者　竹田契一

もくじ

器倉巣覚働失包例案続変伝借求録努然類法料別
参加芽司辞典成説連順訓種便利治観察験好飛関
博結果機量熱清漁害材完約束席位笑特焼競初旗
最健康達功敗望共英末愛候折的必要印刷選

願付協積夫以議標群郡官管富徒浴街灯挙票卒貨
沖戦争給飯帯泣軍兵隊輪景浅底散児衣置差節単
栄養塩無産省照祝試熊鹿残不冷低満未老良陸改
城辺菜井松側念縄固賀静周孫梅季札唱岡府億兆
令

3学期（教科書 東京書籍4年・下86～127ページ） 99

建 希 梨 芸 茨 欠 仲 徳 径 鏡 牧 各 氏 労 極 昨 副 臣 課 械 香
民 勇 信 潟 岐 阜 栃 埼 奈 滋 阪 媛 佐 崎

＊本書の構成は、東京書籍株式会社の教科書を参考にしています。
＊教材プリントは、自由にコピーして教室でお使いください。
＊学習者に応じて**A4サイズに拡大**して使用することをおすすめします。

ワークシートの使い方

この本には、『通常の学級でやさしい学び支援3、4巻　読み書きが苦手な子どもへの〈漢字〉支援ワーク』に掲載されている4種類のワークについて、4年生の教科書で教わる202字の漢字すべてを収録しています。

1 かくれたパーツをさがせ

字の一部が隠された漢字を見て、正しい部首やパーツを書き入れるワークです。「『陸』につく『こざとへん』は『おか』や『盛り土』の意味がある」など、部首の意味や形にも注目して書いていけるように支援してください。思い出しにくい場合には、8ページの「漢字パーツ」表を拡大して見せて、いくつかの中から選ばせることも有効な支援です。

下の文章には、問題の漢字だけでなく、既習の漢字も書き入れるワークになっています。

2 漢字足し算

2～4個の部首やパーツを組み合わせてできる漢字を考えさせるワークです。

部首やパーツの数が多くなると、その配置もいろいろな組み合わせが出てきます。部首やパーツは筆順通りに並んでいるので、書くときのヒントにしてください。わかりにくい場合には、□を点線で区切って配置のヒントを出してあげてください(左図)。

配置のヒント例

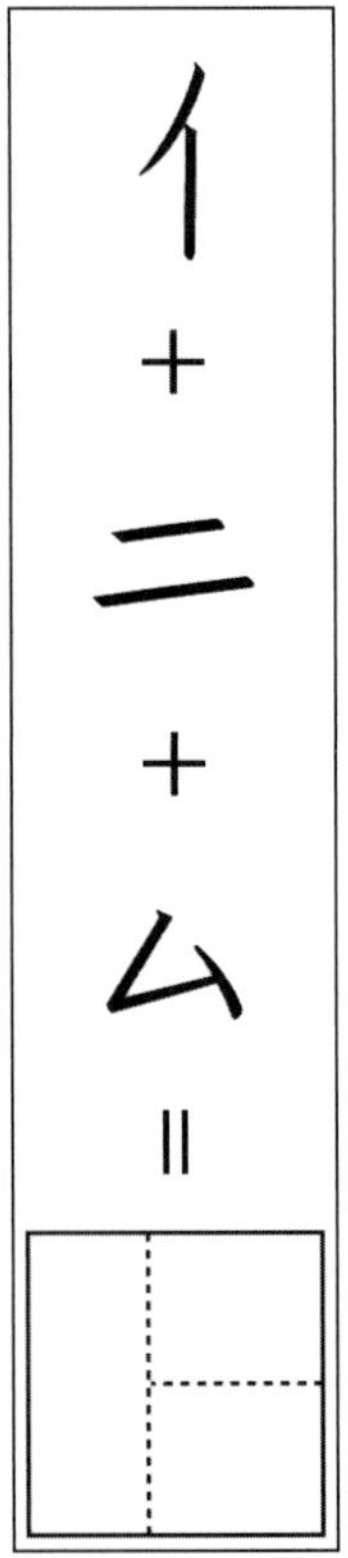

漢字を書いた後に、『「にんべん」の横に「二」「ム」で「つたえる」』のように式と答えを唱えさせるとよいでしょう。

3 足りないのはどこ（形をよく見て）

部分的に消えている熟語の足りない部分を見つけて、正しく書いていくワークです。（一部、熟語ではないものも含まれています。）

熟語の漢字の両方に足りない部分があります。線の数や細かい部分にも注意させてください。読みの苦手な子どもには、自分で書いた熟語だけを見せて、読みの練習もさせるとよいでしょう。

子どもによっては知らない熟語も含まれています。子どもに意味を説明させたり、どんな風に使われるかの例を示してあげることも語いを増やしていくことにつながります。

熟語として漢字を覚えていくことは、読解の力をつけるとともに、生活に活きることばの学習につながります。

4 漢字を入れよう

文を読み、文脈から漢字を推測して書いていくワークです。

漢字の読み方は文章の流れで決まってきます。そのため、文章を読む力が漢字の読みの力につながってきます。

ワークの左端には、□に入る漢字をヒントとして載せています。はじめはヒントの部分を折って、見ないで書かせましょう。また、漢字が苦手な子にはヒントを見せて選んで書く練習をするなど、子どものつまずきに合わせて使い分けてください。

漢字パーツ　4年生

冫	にすい
亻	ぎょうにんべん
阝	こざとへん
子	こへん
扌	てへん
歹	いちたへん
牛	うしへん
方	かたへん
礻	しめすへん
火	ひへん
衤	ころもへん
禾	のぎへん
米	こめへん
車	くるまへん
金	かねへん
馬	うまへん
卩	ふしづくり
刂	りっとう
幺	いとがしら
阝	おおざと
彡	さんづくり
寸	すん
巾	はば
斤	おのづくり
斗	とます
文	のぶん・ぼくにょう
豕	いのこ・ぶた
頁	おおがい
入	ひとやね
耂	おいかんむり
⺮	たけかんむり
勹	つつみがまえ
戈	ほこがまえ
儿	ひとあし
灬	れんが
氺	したみず
广	まだれ
廴	えんにょう
辶	しんにょう

1 学期

月　日

こわれた千の楽き①

かくれたパーツをさがせ　1

名前

かくれたパーツをさがして、かんせいさせよう。

①

キ

□《しょっき》を□《くば》る。

②

ソウ

□《たいいく》□《そうこ》に□《はこ》ぶ。

③

す

□《とり》が□《すばこ》に□《かえ》る。

④

おぼ(える)

□《かんじ》を□《おぼ》える。

⑤

はたら(く)

□《かいしゃ》で□《はたら》く。

⑥

シツ

□《しつれい》なたい□《ど》。

東書4年①

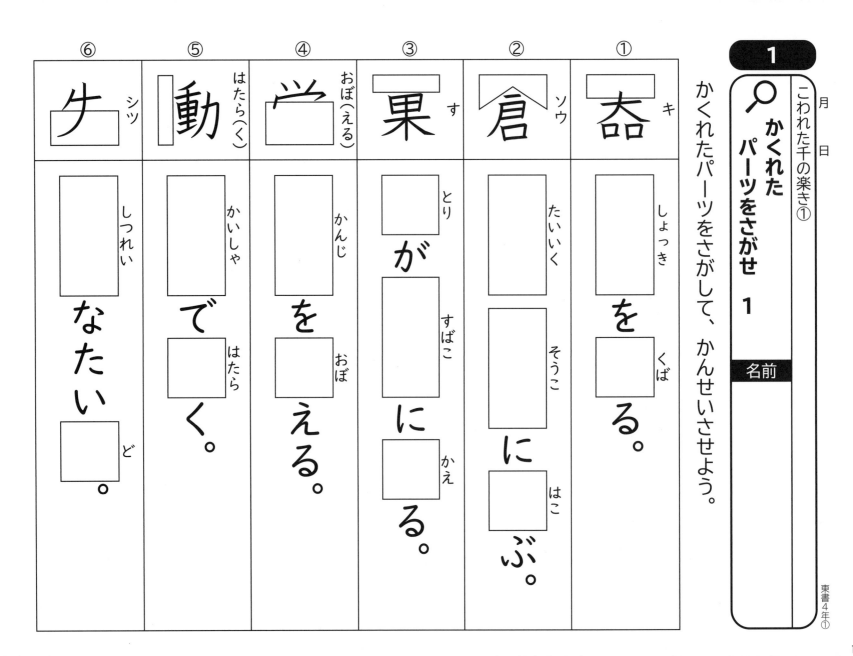

月　日

こわれた千の楽器②

2

かくれたパーツをさがせ　2

名前

かくれたパーツをさがして、かんせいさせよう。

① 己　つつ(む)

□《かみ》に□《つつ》む。

② 列　レイ

□《れいぶん》を□《か》く。

③ 安　アン

□《あんないばん》を□《み》る。

④ 売　つづ(く)

□《あめ》がふり□《つづ》く。

⑤ 亦　か(わる)

□《そら》の□《いろ》が□《か》わる。

⑥ 云　つた(わる)

□《むかしばなし》が□《つた》わる。

東書4年①

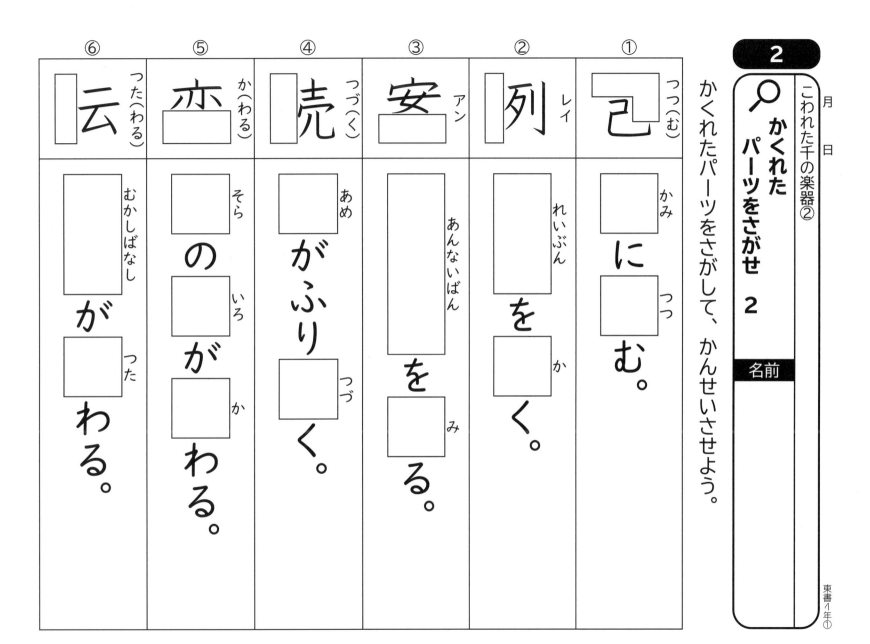

3

かくれたパーツをさがせ　3

漢字《かんじ》を使《つか》おう　1／図書館《としょかん》へ行《い》こう①

月　　日

名前

かくれたパーツをさがして、かんせいさせよう。

① □昔　か(りる)
□《ほん》を□《か》りる。

② 氺　もと(める)
□《お》い□《もと》める。

③ 金□　ロク
□《ばんぐみ》を□《ろくが》する。

④ 奴□　つと(める)
□《べんがく》に□《つと》める。

⑤ 然□　ゼン
□《しぜん》を□《まも》る。

⑥ 米大□　ルイ
□《ことば》を□《ぶんるい》する。

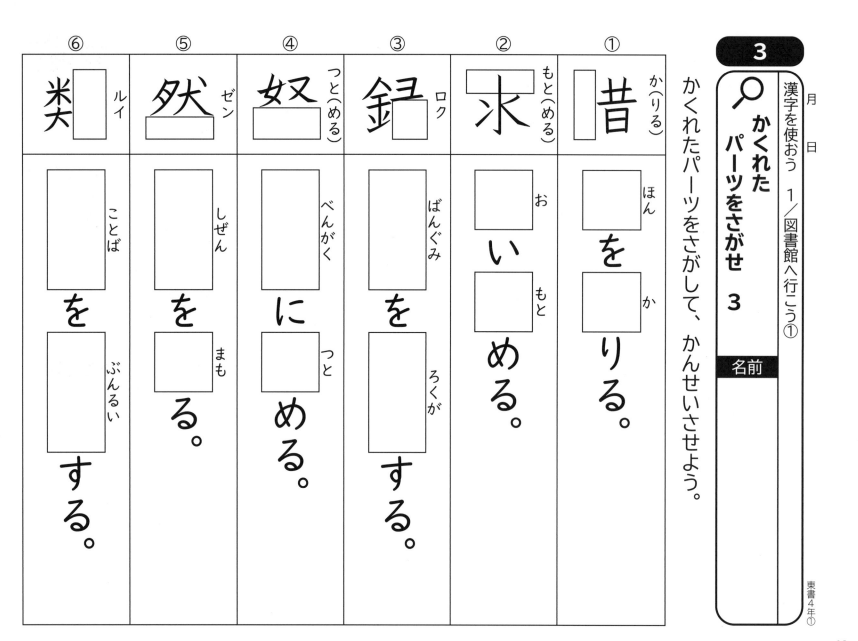

月　日

図書館へ行こう②／話を聞いて質問しよう①

4

かくれたパーツをさがせ　4

名前

かくれたパーツをさがして、かんせいさせよう。

	①	②	③	④	⑤	⑥
パーツ	□去（ホウ）	□斗（リョウ）	別□（わか（れる））	□参（まい（る））	□口（くわ（える））	□牙（め）
文	□《ほうほう》を□《かんが》える。	□《りょうり》の□《ちょうみりょう》。	□《とも》と□《えき》で□《わか》れる。	お□《みやまい》りに□《い》く。	□《みず》を□《すこ》し□《くわ》える。	□《きゅうこん》が□《め》を□《だ》す。

東書4年①

かくれたパーツをさがせ　5

話を聞いて質問しよう②／かんじじてんの使い方①

月　　日

名前

かくれたパーツをさがして、かんせいさせよう。

① 司□《シ》

□《がっきゅうかい》の□《しかい》者。

② 舌□《ジ》

□《じしょ》で□《しら》べる。

③ 曲□《テン》

□《ひゃっか》□《じてん》を□《み》る。

④ □《な（る）》

□《かんじ》の□《な》り□《た》ち。

⑤ □兑《セツ》

□《およ》ぎ□《かた》の□《せつめい》。

⑥ 辶□《レン》

□《じゅうれんぱつ》の□《はなび》。

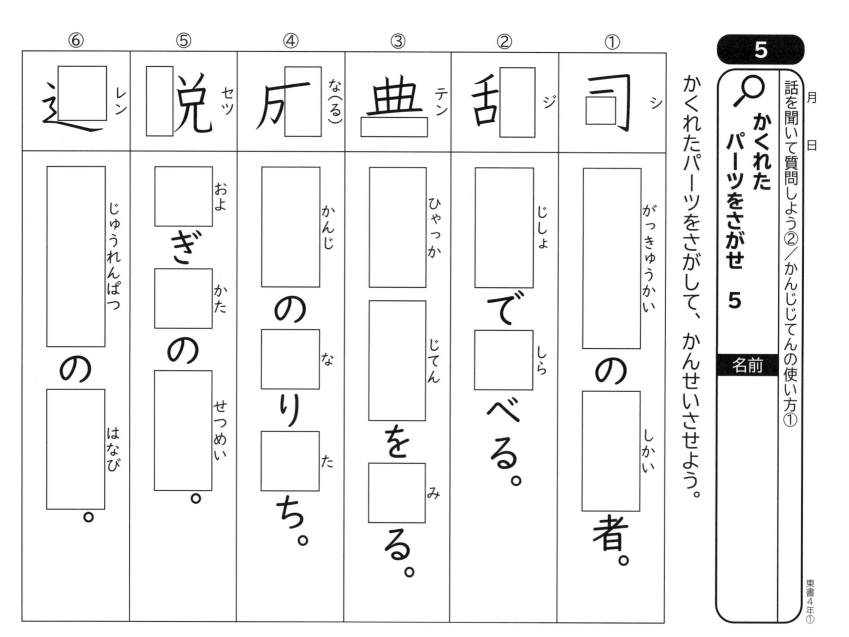

6

かくれたパーツをさがせ 6

漢字辞典の使い方②

月　日

名前

かくれたパーツをさがして、かんせいさせよう。

① 川□（ジュン）

□《じゅんばん》を□《ま》つ。

② □川（クン）

□《しょうか》□《くんれん》をする。

③ □重（たね）

□《だいこん》の□《たね》をまく。

④ □更（ビン）

ゆう□《びん》で□《おく》る。

⑤ □リ（リ）

□《でんしゃ》を□《りよう》する。

⑥ □台（なお(る)）

□《びょうき》が□《なお》る。

東書4年①

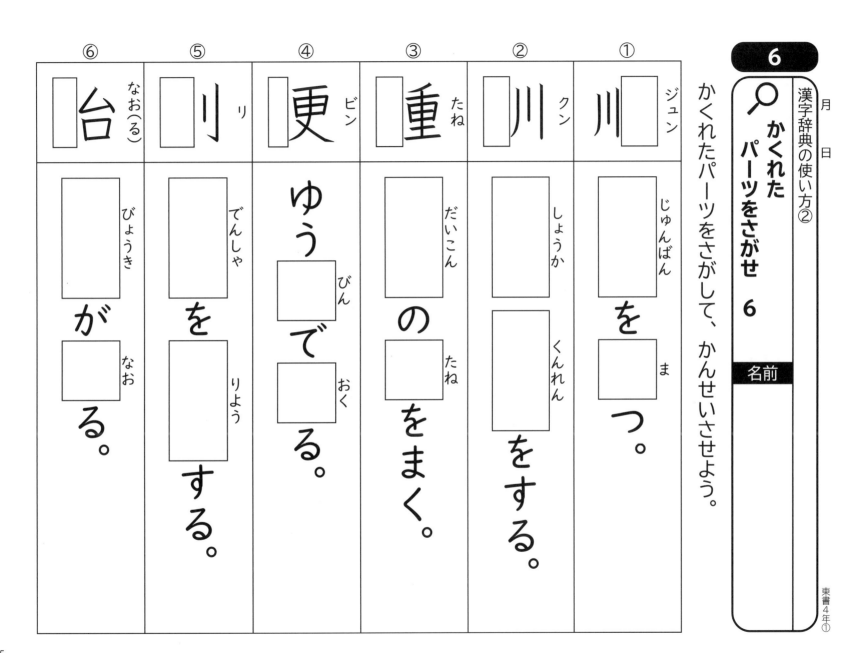

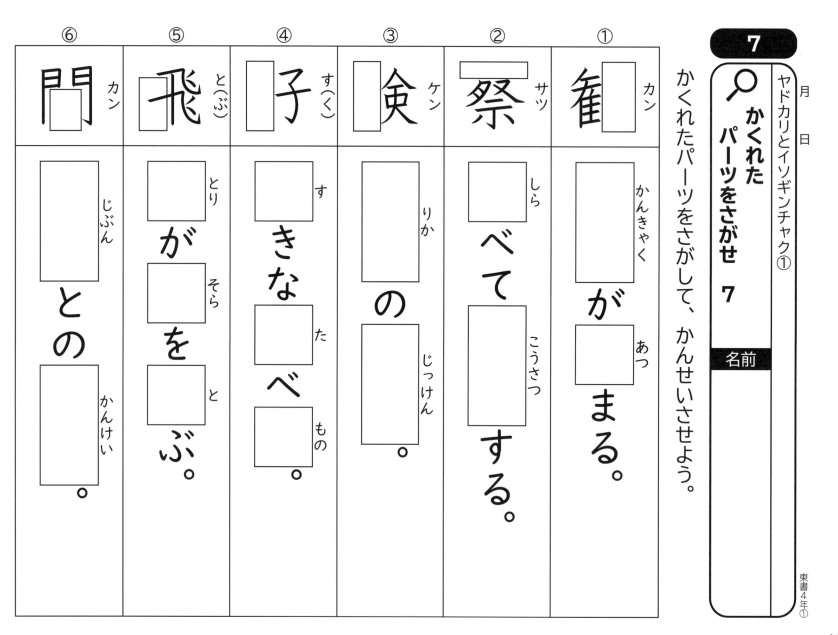

月　日

7 かくれたパーツをさがせ 7

ヤドカリとイソギンチャク①

名前

かくれたパーツをさがして、かんせいさせよう。

① □《カン》
□《かんきゃく》が□《あつ》まる。

② □《サツ》
□《しら》べて□《こうさつ》する。

③ □《ケン》
□《りか》の□《じっけん》。

④ □《す(く)》
□《す》きな□《た》べ□《もの》。

⑤ □《と(ぶ)》
□《とり》が□《そら》を□《と》ぶ。

⑥ □《カン》
□《じぶん》との□《かんけい》。

8

ヤドカリとイソギンチャク②／漢字を使おう　2①

月　日

かくれたパーツをさがせ　8

名前

かくれたパーツをさがして、かんせいさせよう。

① □専　ハク

□《はくぶつかん》に□《い》く。

② □吉　ケツ

□《ふた》つが□《けつごう》する。

③ 甲□　カ

□《かじつ》を□《た》べる。

④ □幾　キ

□《ひと》に□《あ》う□《きかい》。

⑤ 旦□　リョウ・はか(る)

□《しょくじ》の□《りょう》を□《はか》る。

⑥ 埶□　あつ(い)

□《あつ》いお□《ゆ》。

東書4年①

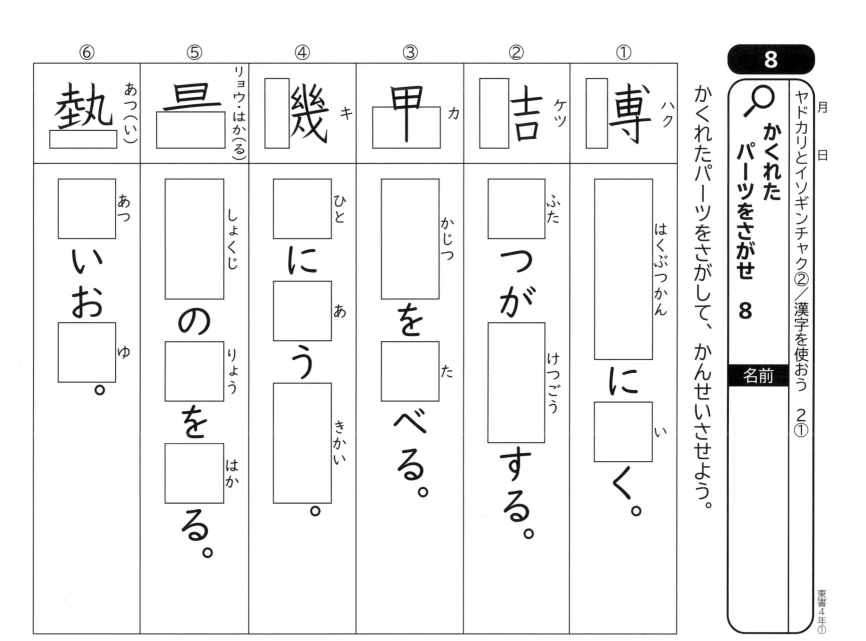

月　日

漢字を使おう　2②／わたしのクラスの「生き物図かん」

かくれたパーツをさがせ　9

名前

かくれたパーツをさがして、かんせいさせよう。

①　□青《きよ(い)》

□《きよ》く□《ただ》しい□《ひと》。

②　□魚《リョウ》

□《ふね》が□《りょう》に□《で》る。

③　□害《ガイ》

□《ゆうがいぶつ》が□《で》る。

④　□才《ザイ》

□《しんぶん》の□《しゅざい》。

⑤　□元《カン》

□《ひ》を□《かんぜん》に□《け》す。

東書4年①

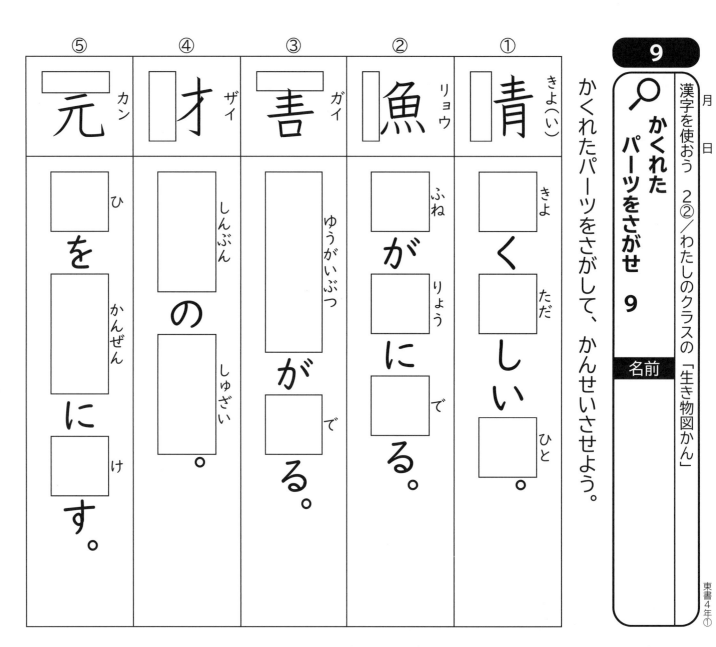

10

かくれたパーツをさがせ 10

走れ①　月　日

名前

かくれたパーツをさがして、かんせいさせよう。

① □勺《ヤク》
えい□《が》の□《よやく》。

② □木《たば》
□《はは》に□《はなたば》を□《おく》る。

③ 广□《セキ》
□《きゃくせき》を□《ようい》する。

④ □立《イ》
□《ぜんこく》一□《い》になる。

⑤ □夭《わら(う)》
□《おおごえ》で□《わら》う。

⑥ □寺《トク》
□《とっきゅう》□《でんしゃ》に□《の》る。

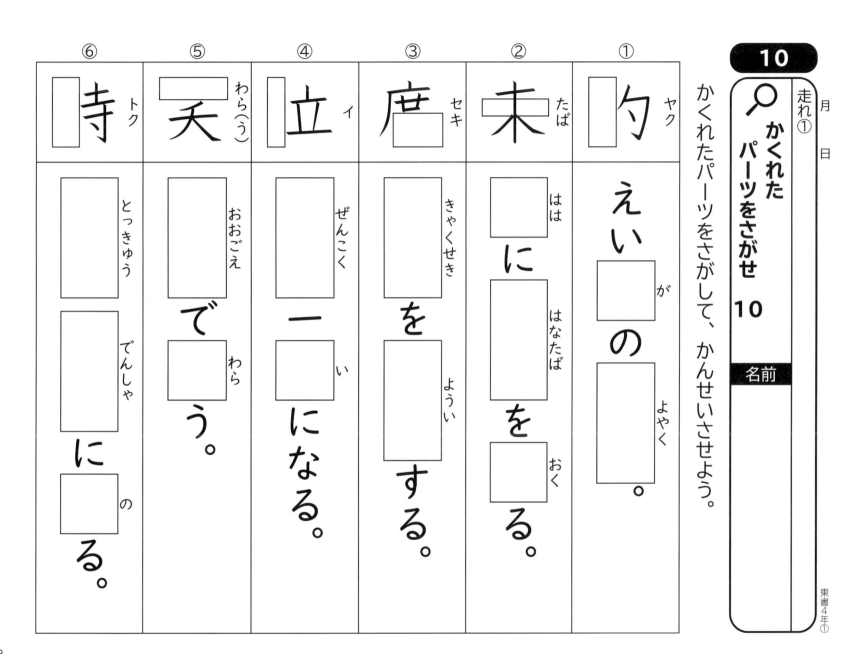

月　日

走れ②

かくれたパーツをさがせ 11

名前

かくれたパーツをさがして、かんせいさせよう。

①
□尭《や(く)》

□《せわ》を□《や》く。

②
□竟《キョウ》

□《じてんしゃ》で□《きょうそう》。

③
□刀《はじ(め)》

□《はじ》めの□《いっぽ》。

④
□其《はた》

□《あかぐみ》の□《はた》をふる。

⑤
□取《もっと(も)》

□《もっと》も□《きおん》が□《たか》い。

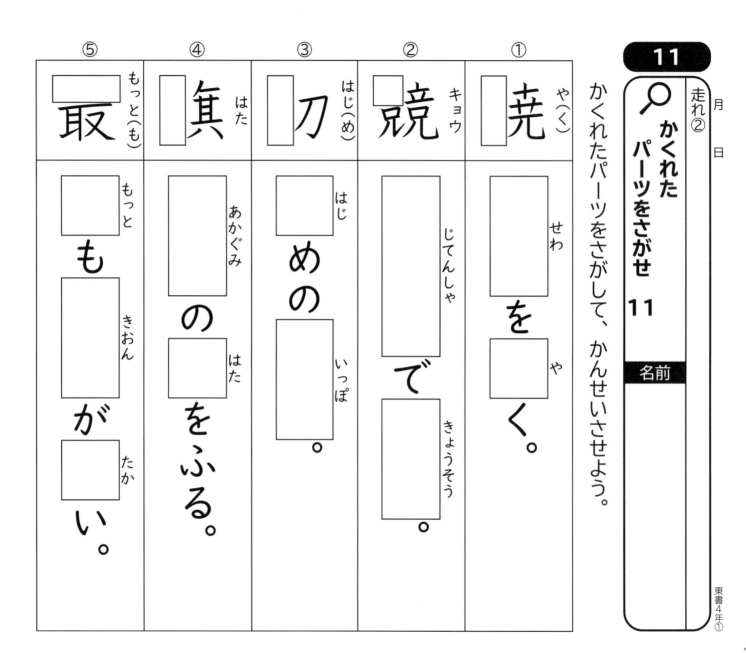

12 かくれたパーツをさがせ 12

名前

かくれたパーツをさがして、かんせいさせよう。

①
□建《ケン》
□《けんぜん》な□《にくたい》。

②
□《コウ》
□《けんこう》な□《せいかつ》。

③
□《タツ》
□《そくたつ》で□《おく》る。

④
□《コウ》
□《う》ち□《あ》げ□《せいこう》。

⑤
□《やぶ(れる)》
□《けっしょう》で□《やぶ》れる。

⑥
□《のぞ(む)》
□《あめ》を□《ま》ち□《のぞ》む。

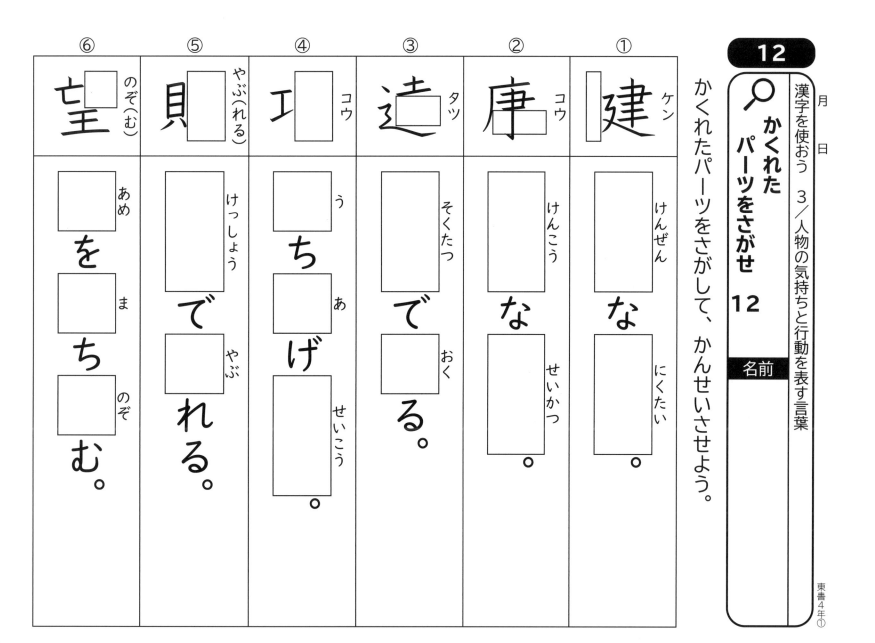

13

漢字を使おう 4

かくれたパーツをさがせ 13

月　日

名前

かくれたパーツをさがして、かんせいさせよう。

① キョウ

□《きょうつうてん》がない。

② エイ

□《えいご》を□《はな》す□《ひと》。

③ マツ

□《ねんまつ》の□《おお》そうじ。

④ アイ

□《あね》の□《あいどくしょ》。

⑤ コウ

□《きょう》は□《あくてんこう》だ。

⑥ お(る)

□《ゆびお》り□《かぞ》える。

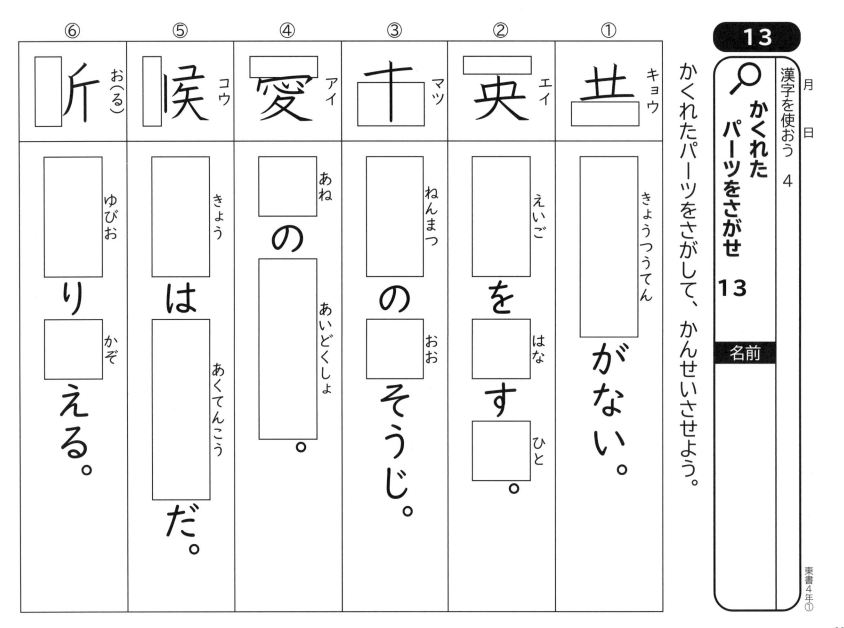

月　日

広告を読みくらべよう

かくれたパーツをさがせ 14

名前

かくれたパーツをさがして、かんせいさせよう。

① テキ　□勺

□《もくてき》を□《かんが》える。

② かなら（ず）　□必□

□《こんかい》は□《かなら》ず□《か》つ。

③ ヨウ　□安

□《じゅうよう》な□《もんだい》。

④ しるし　E□

□《あか》い□《めじるし》。

⑤ す（る）　刷□

はん□《が》を□《す》る。

⑥ セン・えら（ぶ）　□選

□《だいひょう》□《せんしゅ》を□《えら》ぶ。

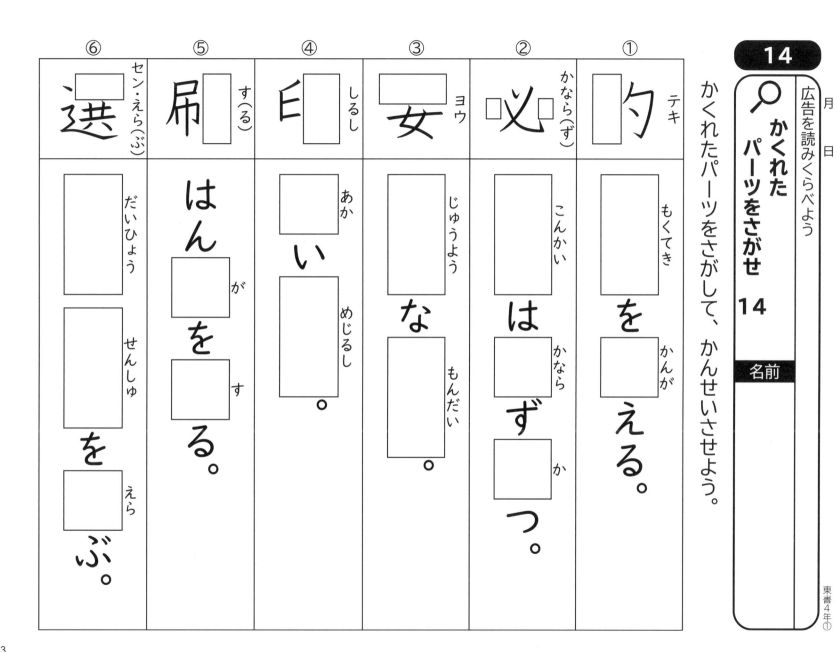

15

月　日

漢字足し算 1

こわれた千の楽き①

名前

東書4年②

漢字の足し算をしよう。

＊答えの漢字でことばを作ろう。

① 口口 ＋ 大 ＋ 口口 ＝ □ → □

② 人 ＋ 一 ＋ 戸 ＋ 口 ＝ □ → □

③ ⺍ ＋ 日 ＋ 木 ＝ □ → □

④ ⺍ ＋ 冖 ＋ 見 ＝ □ → □

⑤ 亻 ＋ 重 ＋ 力 ＝ □ → □

⑥ 𠂉 ＋ 大 ＝ □ → □

⑦ 勹 ＋ 己 ＝ □ → □

⑧ 亻 ＋ 夕 ＋ 刂 ＝ □ → □

月　日

16

こわれた千の楽器②／漢字を使おう 1①

＋漢字足し算 2

名前

漢字の足し算をしよう。

＊答えの漢字でことばを作ろう。

① 宀 ＋ 女 ＋ 木 ＝ □ ↓ ↓ ↓ □

② 糸 ＋ 士 ＋ 冖 ＋ 儿 ＝ □ ↓ □

③ 亠 ＋ 小 ＋ 夂 ＝ □ ↓ ↓ ↓ □

④ 亻 ＋ 二 ＋ 厶 ＝ □ ↓ ↓ ↓ □

⑤ 亻 ＋ 龷 ＋ 日 ＝ □ ↓ ↓ ↓ □

⑥ 一 ＋ 水 ＋ 、 ＝ □ ↓ ↓ ↓ □

⑦ 金 ＋ ヨ ＋ 氺 ＝ □ ↓ ↓ ↓ □

17

月　日

漢字を使おう　1②／図書館へ行こう／話を聞いて質問しよう①

＋漢字足し算　3

名前

漢字の足し算をしよう。

＊答えの漢字でことばを作ろう。

① 女＋又＋力＝□

② 夕＋犬＋灬＝□

③ 米＋大＋頁＝□

④ 冫＋土＋厶＝□

⑤ 米＋⺀＋十＝□

⑥ 口＋勹＋刂＝□

⑦ 厶＋大＋彡＝□

⑧ 力＋口＝□

東書4年②

18

月　日

＋漢字足し算　4

話を聞いて質問しよう②／漢字じてんの使い方①

名前

漢字の足し算をしよう。

＊答えの漢字でことばを作ろう。

① 艹 ＋ 牙 ＝ □ ↓ ↓ ↓ ↓ □

② 冂 ＋ 一 ＋ 口 ＝ □ ↓ ↓ ↓ □

③ 舌 ＋ 立 ＋ 十 ＝ □ ↓ ↓ ↓ □

④ 冊 ＋ 一 ＋ 八 ＝ □ ↓ ↓ ↓ □

⑤ 厂 ＋ ⺈ ＋ 戈 ＝ □ ↓ ↓ ↓ □

⑥ 言 ＋ ソ ＋ 兄 ＝ □ ↓ ↓ ↓ □

⑦ 車 ＋ 辶 ＝ □ ↓ ↓ ↓ ↓ □

⑧ 川 ＋ 𠂉 ＋ 貝 ＝ □ ↓ ↓ ↓ □

東書4年②

19

月　日

漢字辞典の使い方②／ヤドカリとイソギンチャク①

＋漢字足し算　5

名前

漢字の足し算をしよう。

＊答えの漢字でことばを作ろう。

① 言＋川＝□→→→→□

② 禾＋ニ＋日＋土＝□→□

③ 亻＋亘＋人＝□→→→□

④ 禾＋刂＝□→→→→□

⑤ 氵＋厶＋口＝□→→→□

⑥ 𠂉＋隹＋見＝□→→→□

⑦ 亠＋夕＋又＋示＝□→□

⑧ 馬＋八＋夬＝□→→→□

東書4年②

20 漢字足し算 6

ヤドカリとイソギンチャク②

月　日

名前

東書4年②

漢字の足し算をしよう。

① 女＋子＝□

② 飞＋丨＋亻＋飞＝□

③ 門＋关＝□

④ 十＋亩＋寸＝□

⑤ 糸＋士＋口＝□

⑥ 日＋木＝□

⑦ 木＋幺＋幺＋戍＝□

＊答えの漢字でことばを作ろう。

21

月　日

漢字を使おう　2／わたしのクラスの「生き物図かん」

＋漢字足し算　7

名前

漢字の足し算をしよう。

＊答えの漢字でことばを作ろう。

① 日＋一＋里＝□→□

② 夫＋土＋丸＋灬＝□→□

③ 氵＋圭＋月＝□→□

④ 氵＋ク＋田＋灬＝□→□

⑤ 宀＋圭＋口＝□→□

⑥ 木＋才＝□→□

⑦ 宀＋二＋儿＝□→□

22

月　日

走れ①

✚漢字足し算 8

名前

漢字の足し算をしよう。

＊答えの漢字でことばを作ろう。

① 糸＋勹＋丶＝□

② 一＋口＋木＝□

③ 广＋廿＋巾＝□

④ 亻＋立＝□

⑤ ⺮＋丿＋大＝□

⑥ 牛＋土＋寸＝□

⑦ 火＋十＋艹＋儿＝□

東書4年②

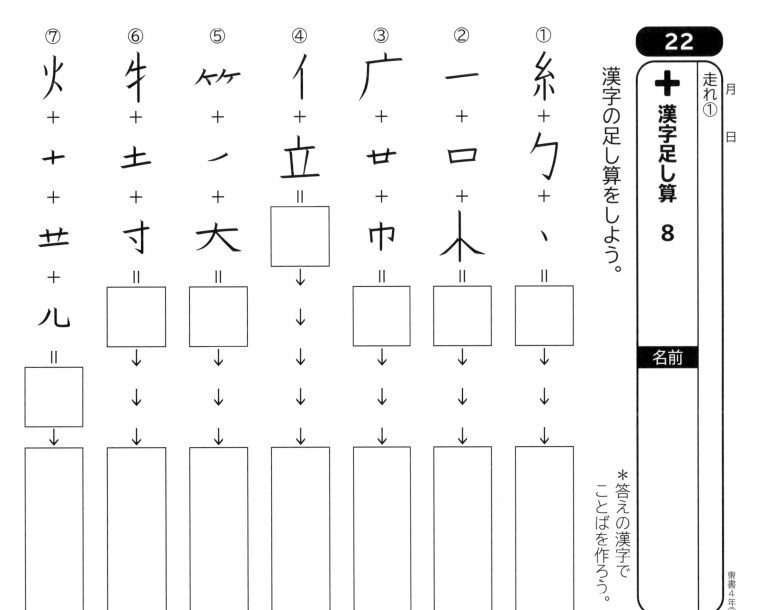

23

✚ 漢字足し算 9

走れ②／漢字を使おう 3

月　日

名前

漢字の足し算をしよう。

＊答えの漢字でことばを作ろう。

① 立＋兄＋立＋兄＝□→□

② 衤＋刀＝□→↓→↓→↓→□

③ 方＋𠂉＋甚＋八＝□→□

④ 冂＋耳＋又＝□→↓→↓→□

⑤ 亻＋聿＋廴＝□→↓→↓→□

⑥ 广＋彐＋氺＝□→↓→↓→□

⑦ 土＋羊＋辶＝□→↓→↓→□

東書4年②

24

月　日

人物の気持ちと行動を表す言葉／漢字を使おう　4①

東書4年②

＋漢字足し算 10

名前

漢字の足し算をしよう。

＊答えの漢字でことばを作ろう。

① 工 ＋ 力 ＝ □ ↓↓↓↓↓ □

② 貝 ＋ 文 ＝ □ ↓↓↓↓↓ □

③ 七 ＋ 月 ＋ 王 ＝ □ ↓↓↓↓ □

④ 廿 ＋ 一 ＋ 八 ＝ □ ↓↓↓↓ □

⑤ 廿 ＋ 口 ＋ 人 ＝ □ ↓↓↓↓ □

⑥ 一 ＋ 木 ＝ □ ↓↓↓↓↓ □

⑦ 爫 ＋ 冖 ＋ 心 ＋ 夂 ＝ □ ↓ □

25

漢字足し算 11

漢字を使おう 4②／広告を読みくらべよう

月　日

名前

漢字の足し算をしよう。

＊答えの漢字でことばを作ろう。

① 亻＋丨＋ユ＋矢＝□ → □

② 扌＋斤＝□ → □

③ 白＋勹＋丶＝□ → □

④ ソ＋乚＋ハ＝□ → □

⑤ 西＋女＝□ → □

⑥ 𠂎＋卩＝□ → □

⑦ 尸＋巾＋刂＝□ → □

⑧ 己＋己＋共＋辶＝□ → □

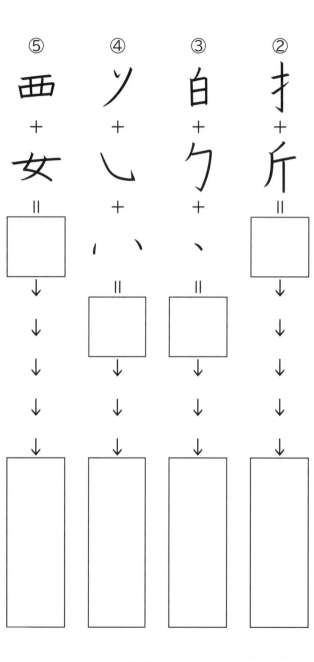

足りないのはどこ（形をよく見て）1

名前

足りないところを見つけて、正しく書こう。

① 食《しょっ》哭《き》 ↓

② 半《こめ》倉《ぐら》 ↓

③ 巣《す》箱《ばこ》 ↓

④ 感《かん》党《かく》 ↓

⑤ 働《はたら》き者《もの》 ↓

⑥ 矢《しつ》礼《れい》 ↓

⑦ 包《ほう》亅《ちょう》 ↓

⑧ 例《れい》文《ぶん》 ↓

⑨ 名《めい》案《あん》 ↓

⑩ 持《じ》続《ぞく》 ↓

⑪ 変《へん》身《しん》 ↓

⑫ 伝《でん》記《き》 ↓

漢字を使おう 1／図書館へ行こう／話を聞いて質問しよう①

月　日

足りないのはどこ（形をよく見て）2

名前

足りないところを見つけて、正しく書こう。

① 借《しゃっ》全《きん》 ↓ □

② 追《つい》求《きゅう》 ↓ □

③ 記《き》録《ろく》 ↓ □

④ 努《ど》刀《りょく》 ↓ □

⑤ 当《とう》然《ぜん》 ↓ □

⑥ ノ《じん》類《るい》 ↓ □

⑦ 万《ほう》法《ほう》 ↓ □

⑧ 食《しょく》料《りょう》 ↓ □

⑨ 別《べつ》ノ《じん》 ↓ □

⑩ 持《じ》参《さん》 ↓ □

⑪ 追《つい》加《か》 ↓ □

⑫ 発《はっ》芽《が》 ↓ □

28

話を聞いて質問しよう②／漢字じてんの使い方

月　日

足りないのはどこ（形をよく見て）3

名前

足りないところを見つけて、正しく書こう。

① 司《し》会《かい》 → □

② 辞《じ》書《しょ》 → □

③ 事《じ》具《てん》 → □

④ 戊《せい》長《ちょう》 → □

⑤ 説《せつ》明《めい》 → □

⑥ 連《れん》什《きゅう》 → □

⑦ 順《じゅん》調《ちょう》 → □

⑧ 訓《くん》練《れん》 → □

⑨ 品《ひん》種《しゅ》 → □

⑩ 便《べん》所《じょ》 → □

⑪ 勝《しょう》利《り》 → □

⑫ 治《ち》安《あん》 → □

東書4年③

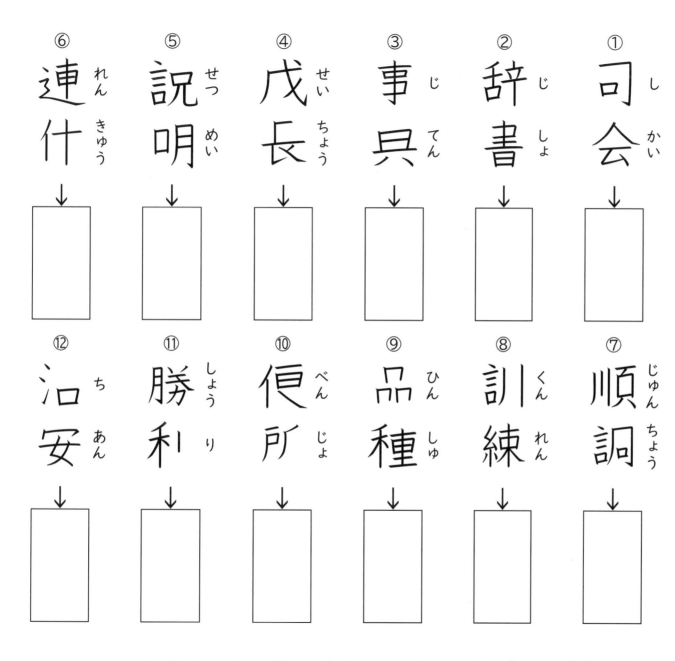

29

月　日

ヤドカリとイソギンチャク

足りないのはどこ（形をよく見て）4

名前

足りないところを見つけて、正しく書こう。

① 観《かん》尢《こう》 → □

② 考《こう》察《さつ》 → □

③ 休《たい》験《けん》 → □

④ 好《こう》物《ぶつ》 → □

⑤ 飛《ひ》行《こう》 → □

⑥ 関《せき》所《しょ》 → □

⑦ 博《はく》物《ぶつ》館《かん》 → □

⑧ 結《けつ》合《ごう》 → □

⑨ 戊《せい》果《か》 → □

⑩ 機《き》会《かい》 → □

30

月　日

漢字を使おう　2／わたしのクラスの「生き物図かん」／走れ①

足りないのはどこ（形をよく見て）5

名前

足りないところを見つけて、正しく書こう。

① 重《じゅう》量《りょう》 ↓ □

② 熱《ねっ》湯《とう》 ↓ □

③ 清《せい》書《しょ》 ↓ □

④ 漁《ぎょ》業《ぎょう》 ↓ □

⑤ 害《がい》虫《ちゅう》 ↓ □

⑥ 材《ざい》木《もく》 ↓ □

⑦ 完《かん》成《せい》 ↓ □

⑧ 予《よ》約《やく》 ↓ □

⑨ 約《やく》束《そく》 ↓ □

⑩ 着《ちゃく》席《せき》 ↓ □

⑪ 順《じゅん》位《い》 ↓ □

⑫ 笑《わら》い声《ごえ》 ↓ □

東書4年③

月　日

31

走れ②／漢字を使おう 3／人物の気持ちと行動を表す言葉

足りないのはどこ（形をよく見て）6

名前

足りないところを見つけて、正しく書こう。

① 特《とく》長《ちょう》 ↓

② ク《ゆう》焼《や》け ↓

③ 競《きょう》泳《えい》 ↓

④ 初《はつ》雪《ゆき》 ↓

⑤ 国《こっ》旗《き》 ↓

⑥ 最《さい》近《きん》 ↓

⑦ 健《けん》全《ぜん》 ↓

⑧ 健《けん》康《こう》 ↓

⑨ 上《じょう》達《たつ》 ↓

⑩ 戊《せい》功《こう》 ↓

⑪ 敗《はい》者《しゃ》 ↓

⑫ 待《たい》望《ぼう》 ↓

32

月　日

漢字を使おう　4／広告をよみくらべよう

足りないのはどこ（形をよく見て）7

名前

足りないところを見つけて、正しく書こう。

① 公《こう》共《きょう》↓

② 英《えい》会《かい》話《わ》↓

③ 週《しゅう》末《まつ》↓

④ 愛《あい》読《どく》書《しょ》↓

⑤ 天《てん》候《こう》↓

⑥ 折《お》り紙《がみ》↓

⑦ 目《もく》的《てき》↓

⑧ 必《ひっ》死《し》↓

⑨ 重《じゅう》要《よう》↓

⑩ 矢《や》印《じるし》↓

⑪ 刷《す》る↓

⑫ 選《せん》手《しゅ》↓

月　日

33

漢字を入れよう　1

こわれた千の楽き①

名前

文を読んで、ぴったりの漢字を入れよう。

① 音楽会に使う楽□を、体育館に運ぶ。

② いらない荷物を、□庫に入れておく。

③ 小鳥が木のえだに、□を作っている。

④ 四年生は、漢字を二百文字あまり□える。

⑤ お父さんは、毎日、会社で□いている。

⑥ うっかりして、大切なチャンスを□った。

⑦ プレゼントの箱を、白い紙で□む。

⑧ あなたを動物に□えると、何ですか。

ヒント　失　巣　包　倉　器　覚　働　例

東書4年④

月　日

こわれた千の楽器②／漢字を使おう１①

漢字を入れよう　2

名前

文を読んで、ぴったりの漢字を入れよう。

①校長先生が、お客さんを教室に□内する。

②六月は、雨が何日もふり□いた。

③秋になると、緑色の葉が黄色に□わる。

④自分の気持ちを、きちんと相手に□える。

⑤図書館で、本を二さつ□りました。

⑥海でおぼれそうになり、助けを□める。

⑦見たい番組を□画しておく。

ヒント　録　案　伝　求　変　続　借

東書4年④

35

月　日

漢字を使おう　1②／図書館へ行こう／話を聞いて質問しよう①

漢字を入れよう　3

名前

文を読んで、ぴったりの漢字を入れよう。

①人の十倍□力して、なしとげる。

②山や海の、自□を守る活動をする。

③図書室の本を分□して、たなにならべる。

④友だちと、一番うまくいく方□を考える。

⑤日曜日は、お父さんが□理をする。

⑥友だちと駅で、手をふって□れる。

⑦夏休みに、おじいさんのおはか□りに行く。

⑧なべの中に、もう少し水を□える。

ヒント　料　類　然　努　加　別　参　法

月　日

36 漢字を入れよう　4

話を聞いて質問しよう②／漢字じてんの使い方①

名前

文を読んで、ぴったりの漢字を入れよう。

①チューリップの球根が、□を出した。

②前に出て、学級会の□会をする。

③知らない言葉を、□書で調べる。

④この百科事□は、ぶあつくて重い。

⑤十才で、二分の一□人式をおいわいする。

⑥先生が、図とグラフで□明する。

⑦今週は、金、土、日と三□休です。

⑧列にきちんとならんで、□番を待つ。

ヒント　司　典　説　連　成　辞　順　芽

月　日

37

漢字辞典の使い方②／ヤドカリとイソギンチャク①

漢字を入れよう 5

名前

文を読んで、ぴったりの漢字を入れよう。

①漢字には、音読みと□読みがある。

②植木ばちに、アサガオの□をまいた。

③これは、とても□りな道具です。

④空き箱を□用して、おもちゃを作る。

⑤薬を飲んで、ようやく病気が□った。

⑥コンサートに、たくさんの□客が集まる。

⑦アサガオの育ち方を、かん□する。

⑧理科で、物の温まり方の実□をする。

ヒント　験　利　治　種　察　訓　観　便

38

ヤドカリとイソギンチャク②

月　日

漢字を入れよう 6

名前

文を読んで、ぴったりの漢字を入れよう。

①姉もわたしも、ケーキが大□きです。

②わたり鳥が、ならんで空を□んでいる。

③そのことは、ぼくにはぜんぜん□係がない。

④きょうりゅうの□物館を、見学した。

⑤ほどけた、くつのひもを□び直す。

⑥木に、おいしそうな□実がなっている。

⑦上空で、□長のアナウンスがあった。

ヒント　果　博　結　機　好　関　飛

月　日

漢字を使おう　2／わたしのクラスの「生き物図かん」

漢字を入れよう　7

名前

文を読んで、ぴったりの漢字を入れよう。

①体重がふえたので、食事の□をへらす。

②インフルエンザにかかって、高い□が出る。

③習字で、ていねいに□書をする。

④魚をとるために、船で□に出る。

⑤さくらの木が、□虫のせいでかれた。

⑥新聞記者が、ニュースの取□をする。

⑦動いていた電車が、□全に止まった。

ヒント　材　清　完　害　量　熱　漁

月　日

走れ①

漢字を入れよう　8

名前

文を読んで、ぴったりの漢字を入れよう。

①駅前のホテルを、三人で予□する。

②プレゼントに、バラの花□をおくる。

③教室の、自分の□にすわる。

④マラソンでがんばって、一□になる。

⑤おかしくて、大きな口を開けて□う。

⑥旅行に行くのに、□急電車に乗った。

⑦西の空が、夕□けで赤くなる。

ヒント　位　特　笑　約　束　焼　席

月　日

走れ②／漢字を使おう 3

漢字を入れよう 9

名前

文を読んで、ぴったりの漢字を入れよう。

①運動会の、かり物□走に出る。

②十二月の寒い日、□雪がふった。

③つな引きで、□をふっておうえんする。

④ふじ山は、日本で□も高い山です。

⑤けがをしたので、ほ□室へ行った。

⑥病気をせずに、家族みんな、けん□です。

⑦赤い車で、ゆうびんを配□する。

ヒント　最　旗　康　初　健　競　達

漢字を入れよう　10

名前

文を読んで、ぴったりの漢字を入れよう。

①日本が、ロケットの打ち上げに成□する。

②全国大会の、おしくも決勝で□れる。

③長年の□みが、ようやくかなった。

④ぼくときみとの、□通点をさがす。

⑤アメリカやイギリスの人は、□語を話す。

⑥年□に、自分の部屋の大そうじをする。

⑦花や生き物を、□する心を持つ。

ヒント　末　功　望　愛　共　英　敗

43 漢字を入れよう 11

名前

文を読んで、ぴったりの漢字を入れよう。

① この島は、一年を通しておだやかな気□です。

② 強風で、木のえだが□れた。

③ はなった矢が、□の中心に命中した。

④ 今日は負けたが、次は□ず勝つ。

⑤ この文章の□点を、二十字にまとめる。

⑥ 大きな木を、目□にして進む。

⑦ プリンターで、地図をカラーいん□する。

⑧ 大きくなったら、プロ野球の□手になる。

ヒント　刷　候　折　的　選　必　要　印

2 学期

月　日

おねがいやお礼の手紙を書こう／ことわざ・故事成語を使おう

44

かくれたパーツをさがせ 15

名前

かくれたパーツをさがして、かんせいさせよう。

①	②	③	④	⑤
原□ ねが(う)	亻□ フ	□劦 キョウ	□責 セキ	ナ□ おっと
□《ながねん》の□《ねが》い。	□《いえ》の□《ふきん》の□《はたけ》。	□《ふたり》で□《きょうりょく》する。	□《めんせき》を□《けいさん》する。	□《おっと》と□《がいしょく》する。

東書4年①

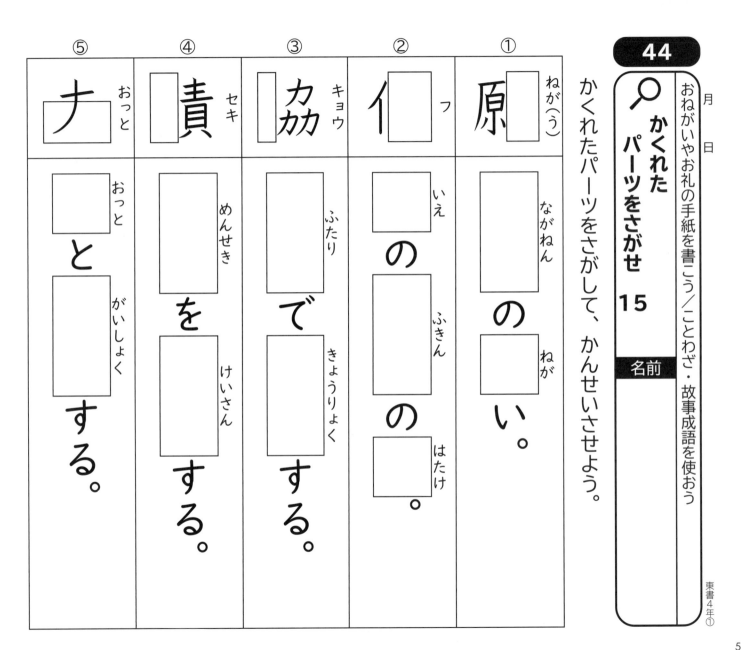

月　日

クラスで話し合ってきめよう／漢字を使おう　5①

かくれたパーツをさがせ 16

名前

かくれたパーツをさがして、かんせいさせよう。

①	②	③	④	⑤
以□《イ》	□義《ギ》	□票《ヒョウ》	君□《グン》	君□《グン》
八時□《いぜん》に□《い》く。	□《ぎだい》を□《き》める。	□《もくひょう》を□《た》てる。	□《むし》の□《たいぐん》が□《く》る。	県の□《ぐん》部と□《し》部。

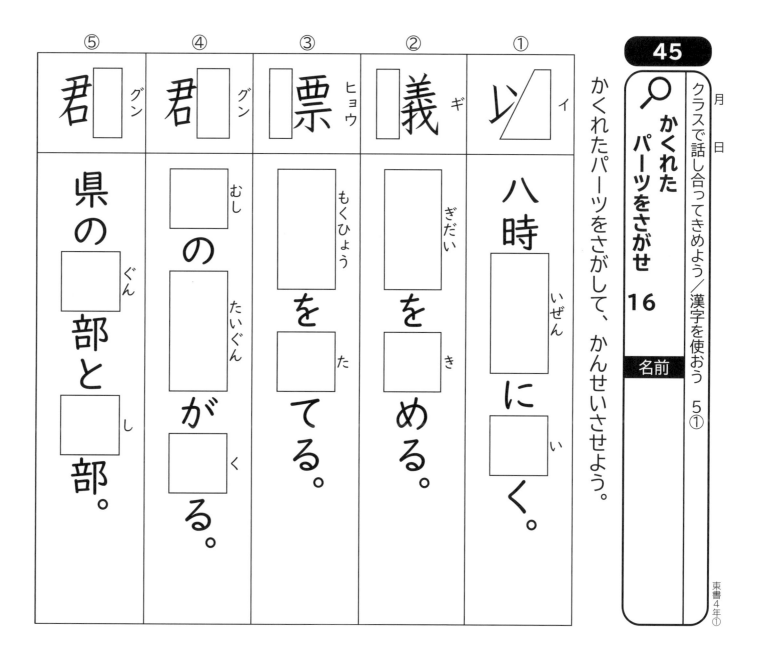

46

漢字を使おう　5②

月　日

かくれたパーツをさがせ　17

名前

かくれたパーツをさがして、かんせいさせよう。

①

□㠯《カン》

□《きょうかん》に□《おそ》わる。

②

□官《カン》

□《じかん》を□《かんり》する。

③

□畐《と(む)》

□《へんか》に□《と》む□《ちけい》。

④

□走《ト》

□《えき》から□《とほ》十分。

⑤

□谷《あ(びる)》

□《にっこう》を□《あ》びる。

東書4年①

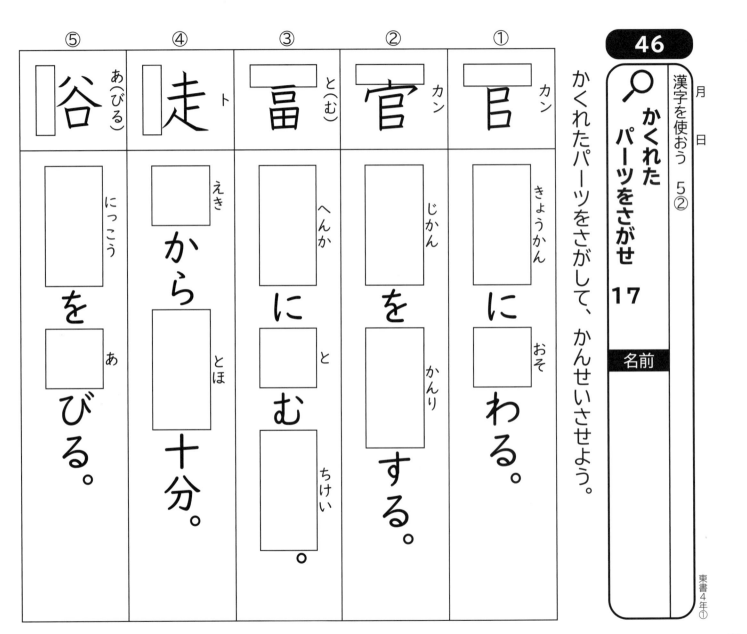

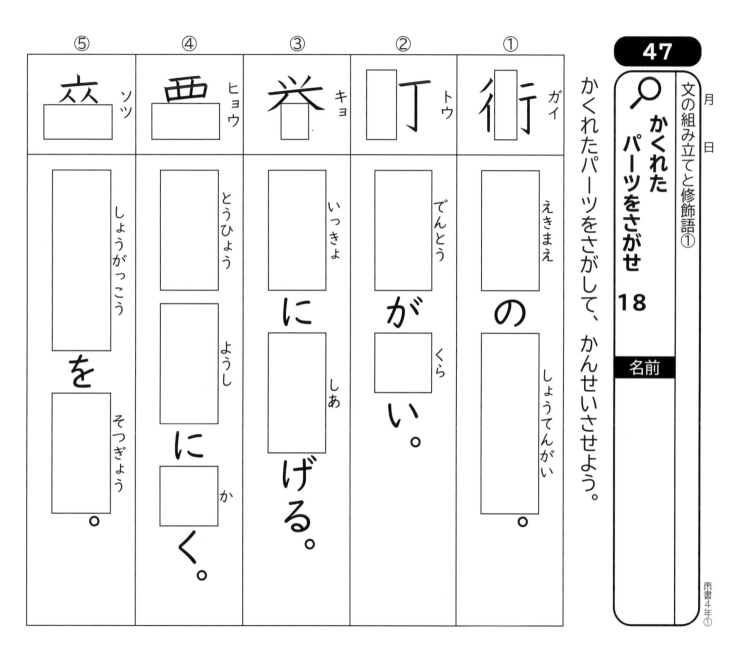

47

文の組み立てと修飾語①

月　日

かくれたパーツをさがせ 18

名前

かくれたパーツをさがして、かんせいさせよう。

① □《ガイ》

□《えきまえ》の□《しょうてんがい》。

② □《トウ》

□《でんとう》が□《くら》い。

③ □《キョ》

□《いっきょ》に□《しあ》げる。

④ □《ヒョウ》

□《とうひょう》□《ようし》に□《か》く。

⑤ □《ソツ》

□《しょうがっこう》を□《そつぎょう》。

月　日

文の組み立てと修飾語②／一つの花①

かくれたパーツをさがせ 19

名前

かくれたパーツをさがして、かんせいさせよう。

①
化□　カ

□《かもつ》□《れっしゃ》が□《はし》る。

②
□中　おき

□《おき》なわ□《けん》の□《なんぶ》。

③
単□　セン

□《さくせん》を□《かんが》える。

④
争　あらそ(う)

□《か》ち□《ま》けを□《あらそ》う。

⑤
□合　キュウ

□《こんしゅう》の□《きゅうしょく》当番。

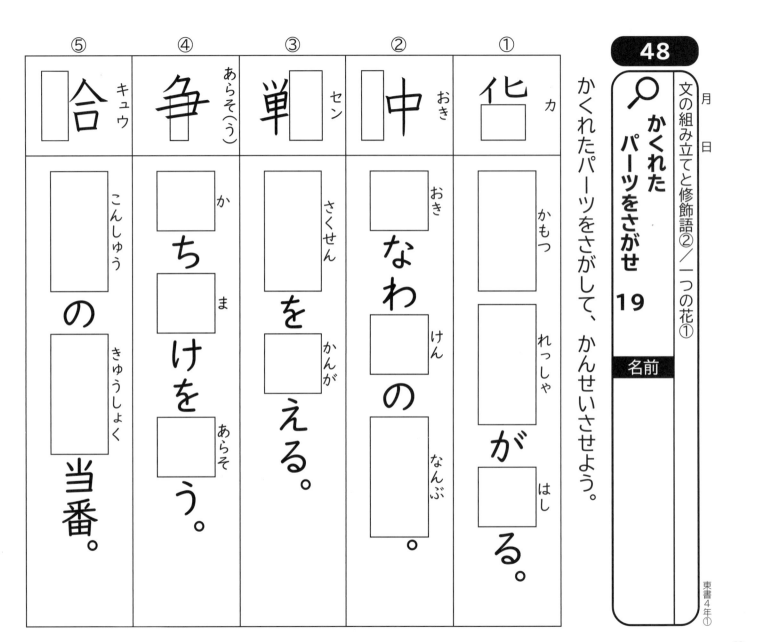

一つの花②　月　日

かくれたパーツをさがせ 20

名前

かくれたパーツをさがして、かんせいさせよう。

①　□反《ハン》

□《ゆうはん》を□《た》べる。

②　□《おび》

□《くろ》い□《きもの》の□《おび》。

③　□立《な(く)》

□《おお》きな□《こえ》で□《な》く。

④　□《グン》

□《しろ》い□《ぐんて》。

⑤　丘□《ヘイ》

□《すいへい》が□《ふね》に□《の》る。

⑥　阝□《タイ》

□《ぶたい》の□《たいちょう》。

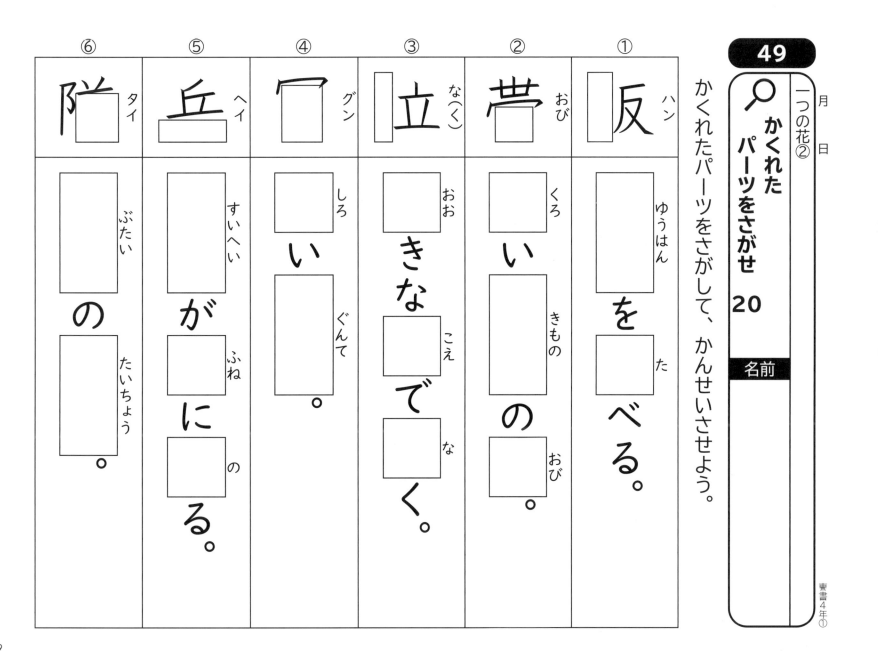

月　日

一つの花③／漢字を使おう6

かくれたパーツをさがせ21

名前

かくれたパーツをさがして、かんせいさせよう。

① □侖《リン》
□《さんりんしゃ》に□《の》る。

② □京《ケイ》
□《みなと》の□《やけい》を□《み》る。

③ □戋《あさ(い)》
□《ふか》い□《いけ》と□《あさ》い□《いけ》。

④ 广□《テイ》
□《かいてい》の□《い》き□《もの》。

⑤ 昔□《サン》
□《いぬ》の□《さんぽ》をする。

⑥ 旧□《ジ》
□《じどう》が□《とうこう》する。

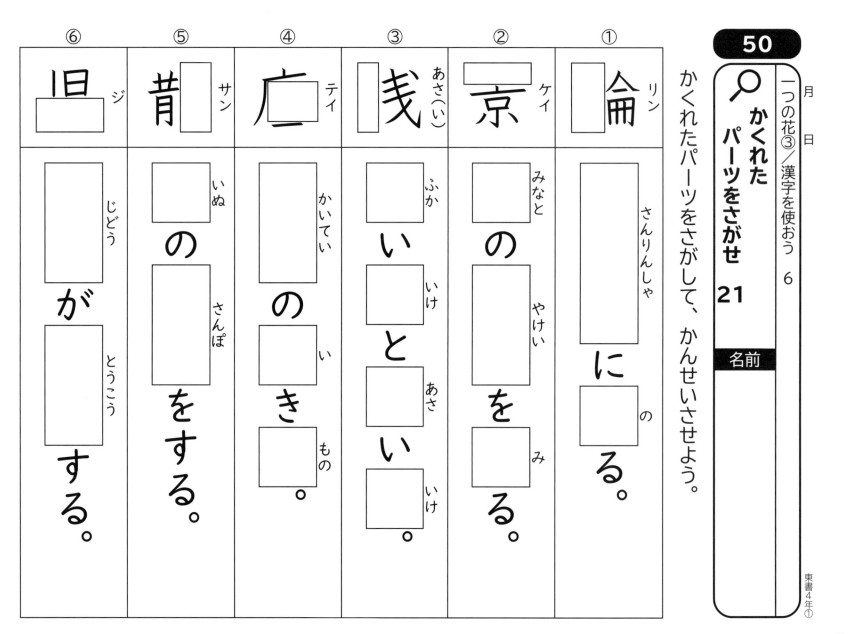

月　日

くらしの中の和と洋／「和と洋新聞」を作ろう①

51 かくれたパーツをさがせ 22

名前

かくれたパーツをさがして、かんせいさせよう。

①

□衣《イ》

□《なつ》の□《いふく》を□《だ》す。

②

□直《お(く)》

□《いえ》に□《くすり》を□《お》く。

③

差□《さ(す)》

□《やま》の□《ほう》を□《ゆびさ》す。

④

□即《セツ》

□《せつぶん》に□《まめ》をまく。

⑤

□甲《タン》

□《たんご》を□《か》く。

⑥

⺍□《エイ》

ゆう□《しょう》の□《えいこう》。

東書4年①

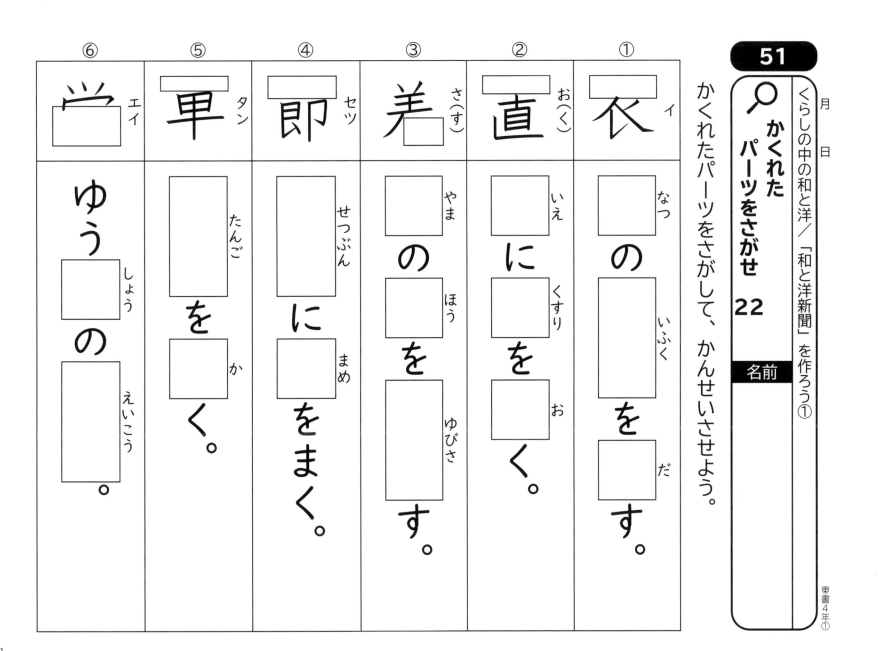

かくれたパーツをさがせ 23

「和と洋新聞」を作ろう②／つなぐ言葉①

月　日

名前

かくれたパーツをさがして、かんせいさせよう。

①	②	③	④	⑤	⑥
美□（ヨウ）	□盐（エン）	無□（ム）	产□（う（まれる））	少□（セイ）	昭□（ショウ）
□《ようぶん》を□《おく》る。	□《かいすい》の□《えんぶん》。	□《むじんとう》に□《い》く。	□《こいぬ》が□《う》まれた。	□《ふか》く□《はんせい》する。	□《しょうめい》を□《お》とす。

東書4年①

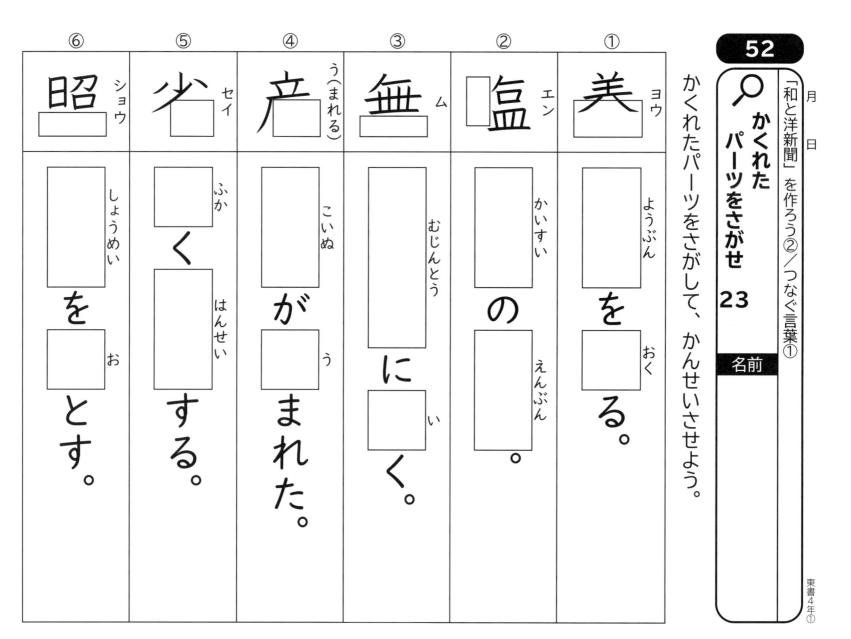

かくれたパーツをさがせ 24

名前

かくれたパーツをさがして、かんせいさせよう。

①　□兄《シュク》
□《しゅくじつ》の□《あさ》。

②　□式《シ》
□《しあい》に□《しゅつじょう》する。

③　能□《くま》
□《くま》もと□《けん》の□《くうこう》。

④　𢉖□《しか》
□《どうぶつえん》の□《しか》。

⑤　□戋《のこ(る)》
□《やね》に□《ゆき》が□《のこ》る。

⑥　不□《フ》
□《ふあん》に□《おも》う。

東書4年①

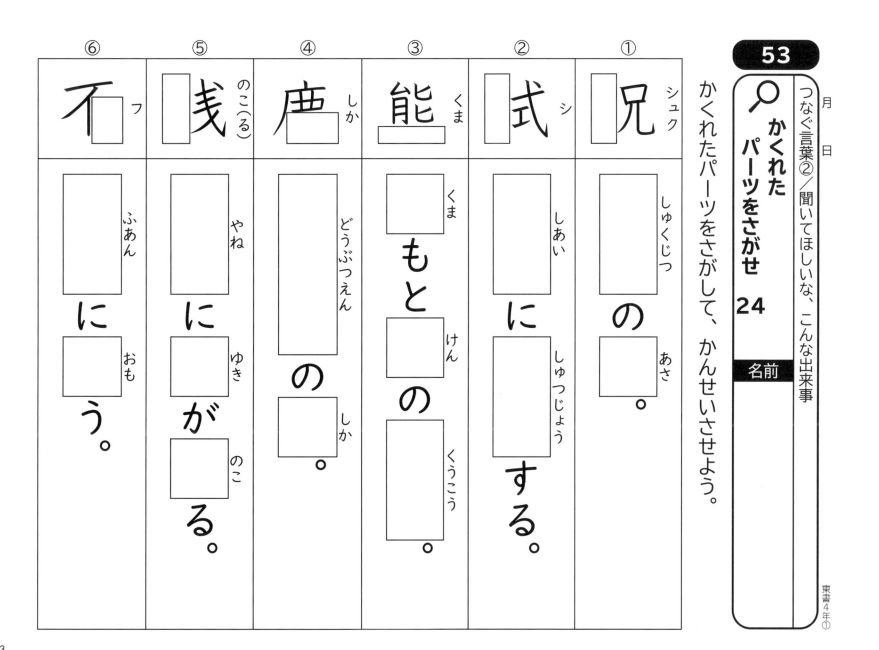

54

月　日

じゅく語《ご》の意味《いみ》①

かくれたパーツをさがせ25

名前

かくれたパーツをさがして、かんせいさせよう。

①
令《レイ》
□《れいき》を□《かん》じる。

②
氏《ひく(い)》
□《たか》い□《やま》と□《ひく》い□《やま》。

③
満《マン》
□《ま》ん□《まる》の□《まんげつ》。

④
未《ミ》
□《みらい》を□《よそう》する。

⑤
老《ロウ》
□《げんき》な□《ろうじん》。

⑥
良《よ(い)》
□《よ》い□《みほん》。

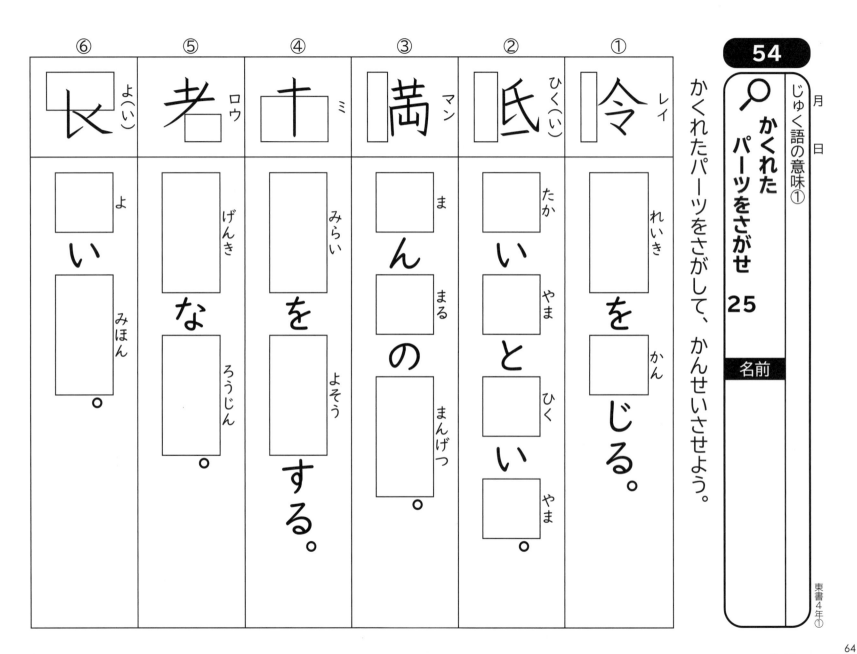

月　日

じゅく語の意味②／ごんぎつね①

かくれたパーツをさがせ 26

名前

かくれたパーツをさがして、かんせいさせよう。

①　□坴《リク》
□《りくち》を□《はっけん》する。

②　□攵《あらた(める)》
□《こころ》を□《あらた》める。

③　□成《しろ》
お□《しろ》の□《けんがく》。

④　辶□《べ》
□《みずうみ》の□《きしべ》を□《ある》く。

⑤　采《サイ》
□《やさい》を□《た》べる。

⑥　井《い》
□《ふくい》市の□《としょかん》。

東書4年①

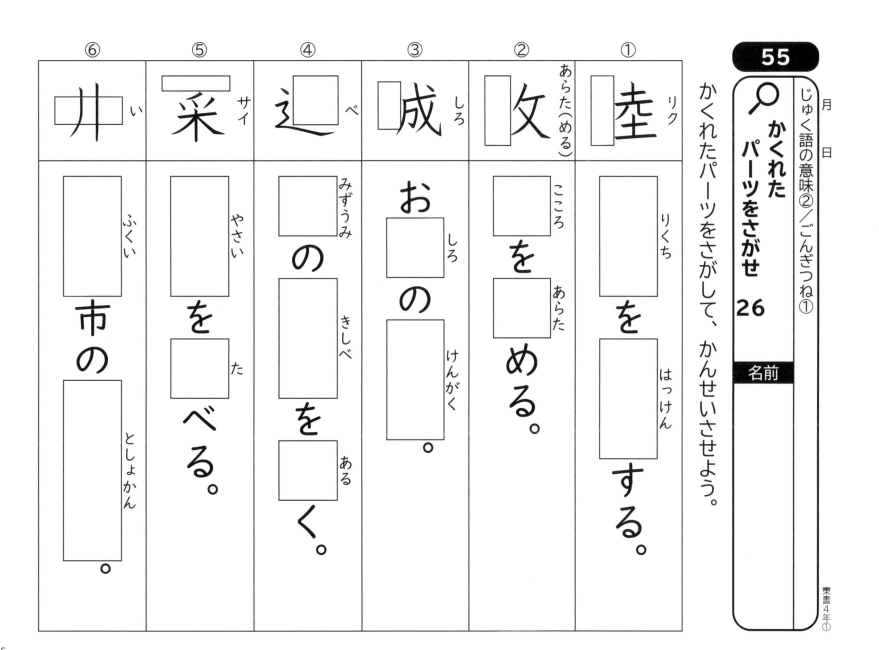

かくれたパーツをさがせ 27

ごんぎつね②／漢字を使おう 7

月　日

名前

かくれたパーツをさがして、かんせいさせよう。

① □公《まつ》

□《まつばやし》を□《ある》く。

② □則《がわ》

□《みち》の□《みぎがわ》を□《ある》く。

③ 今□《ネン》

□《きねんひん》をもらう。

④ □黽《なわ》

□《おきなわ》県の□《きおん》。

⑤ 口《かた(める)》

□《ゆき》を□《かた》める。

⑥ 加□《ガ》

ゆう□《しょう》の□《しゅくが》会。

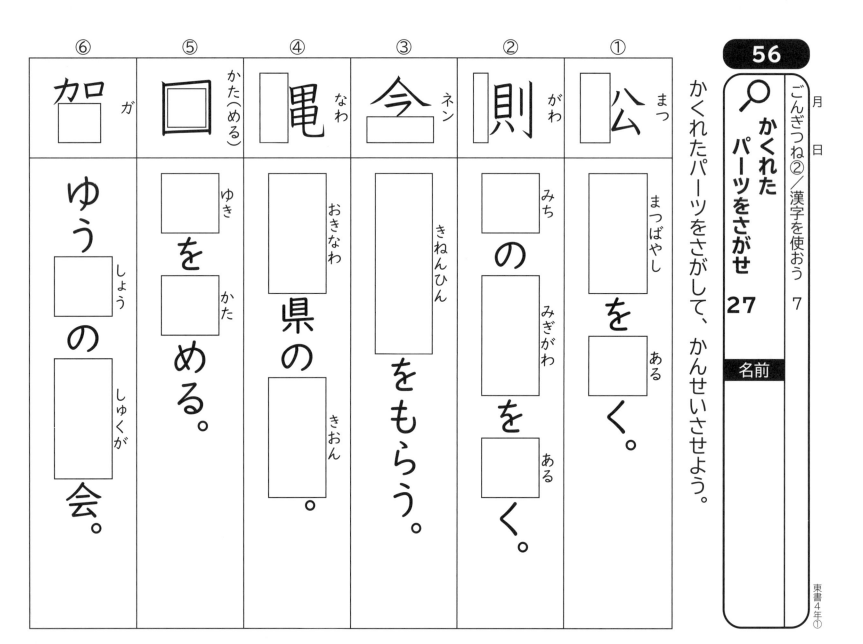

月　日

人物のせいかくと行どうを表す言葉～百人一首に親しもう①

かくれたパーツをさがせ 28

名前

かくれたパーツをさがして、かんせいさせよう。

①　□争《しず(か)》

□《しず》かな□《よる》の□《もり》。

②　周《まわ(り)》

□《うんどうじょう》の□《まわ》り。

③　□系《まご》

□《まご》の□《て》を□《ひ》く。

④　□毎《うめ》

□《うめ》の□《み》を□《あつ》める。

⑤　香《キ》

□《かき》□《きゅうぎょう》

⑥　□し《ふだ》

□《なふだ》の□《なまえ》。

東書4年①

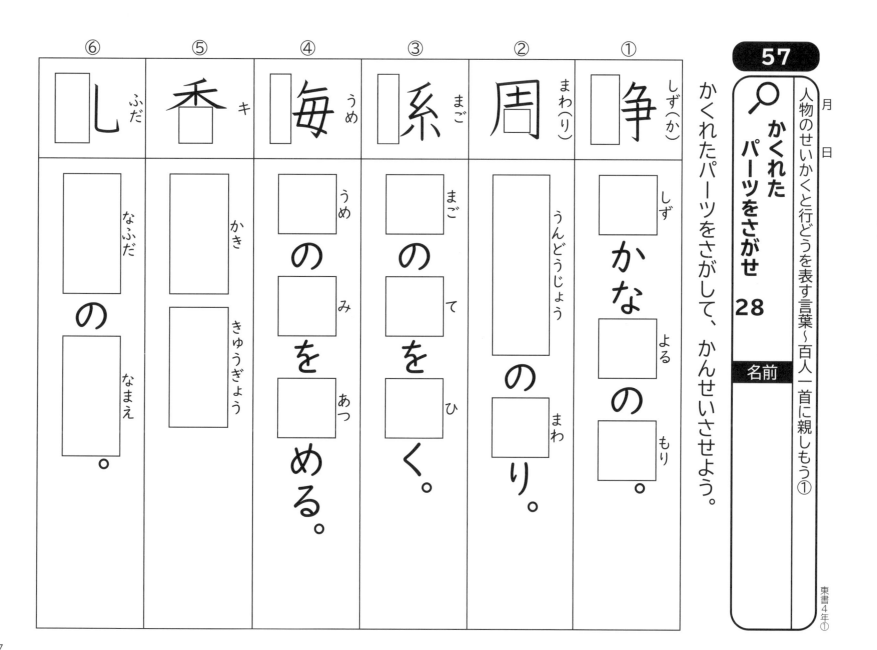

月　日

百人一首に親しもう②／漢字を使おう8

かくれたパーツをさがせ 29

名前

かくれたパーツをさがして、かんせいさせよう。

① □昌《とな(える)》

□《へいわ》を□《とな》える。

② 岡（□）《おか》

□《おかやま》県の□《ちず》。

③ 广□《フ》

四十七□《とどうふけん》

④ □意《オク》

□《おくまん》□《ちょうじゃ》になる。

⑤ □儿《チョウ》

□《じ》しんの□《ぜんちょう》。

⑥ □マ《レイ》

□《おうさま》の□《めいれい》。

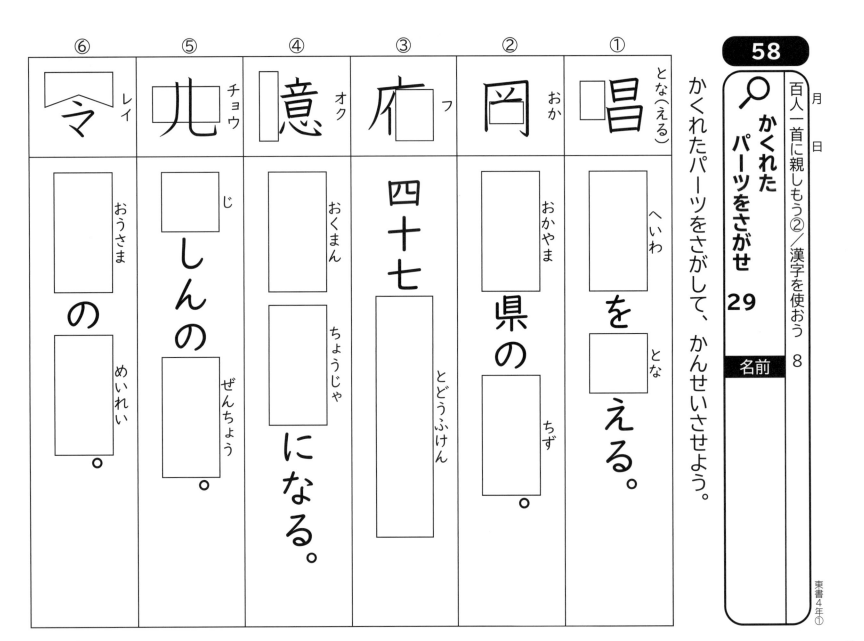

漢字足し算 12

おねがいやお礼の手紙を書こう～クラスで話し合って決めよう

月　日

名前

東書4年②

漢字の足し算をしよう。

＊答えの漢字でことばを作ろう。

① 厂 ＋ 白 ＋ 小 ＋ 頁 ＝ □ ↓ □

② イ ＋ 寸 ＝ □ ↓ ↓ ↓ ↓ ↓ □

③ 十 ＋ カ ＋ カ ＋ カ ＋ カ ＝ □ ↓ □

④ 禾 ＋ 圭 ＋ 貝 ＝ □ ↓ ↓ ↓ □

⑤ 二 ＋ 人 ＝ □ ↓ ↓ ↓ ↓ ↓ □

⑥ レ ＋ 丶 ＋ 人 ＝ □ ↓ ↓ ↓ □

⑦ 言 ＋ 羊 ＋ 我 ＝ □ ↓ ↓ ↓ □

⑧ 木 ＋ 西 ＋ 示 ＝ □ ↓ ↓ ↓ □

60

漢字足し算 13

漢字を使おう 5

月　日

名前

漢字の足し算をしよう。

＊答えの漢字でことばを作ろう。

① 尹 ＋ 口 ＋ 羊 ＝ □ ↓ ↓ ↓ □

② 尹 ＋ 口 ＋ 阝 ＝ □ ↓ ↓ ↓ □

③ 宀 ＋ 尸 ＋ コ ＝ □ ↓ ↓ ↓ □

④ 竹 ＋ 宀 ＋ 邑 ＝ □ ↓ ↓ ↓ □

⑤ 宀 ＋ 一 ＋ 口 ＋ 田 ＝ □ ↓ □

⑥ 彳 ＋ 土 ＋ 止 ＝ □ ↓ ↓ ↓ □

⑦ 氵 ＋ 八 ＋ 人 ＋ 口 ＝ □ ↓ □

東書4年②

61

漢字足し算 14

文の組み立てと修飾語

月　日

名前

漢字の足し算をしよう。

＊答えの漢字でことばを作ろう。

① 彳＋土＋土＋亍＝□↓□

② 火＋丁＝□↓↓↓↓↓□

③ ⺍＋一＋八＋手＝□↓□

④ 西＋二＋小＝□↓↓↓□

⑤ 亠＋人＋人＋十＝□↓□

⑥ イ＋ヒ＋貝＝□↓↓↓↓□

⑦ 氵＋中＝□↓↓↓↓↓□

東書4年②

漢字足し算 15

一つの花①

月　日

名前

漢字の足し算をしよう。

①　⺍＋甲＋戈＝□→→→

②　ク＋ヨ＋亅＝□→→→

③　糸＋𠆢＋一＋口＝□→

④　食＋厂＋又＝□→→→

⑤　卌＋冖＋巾＝□→→→

⑥　氵＋立＝□→→→→

⑦　冖＋車＝□→→→→

⑧　斤＋一＋八＝□→→→

＊答えの漢字でことばを作ろう。

東書4年②

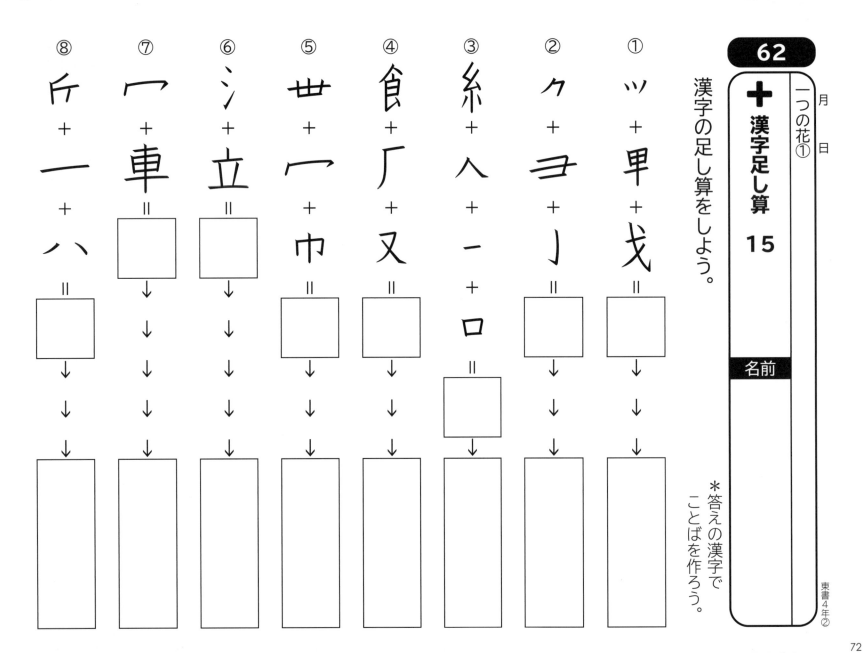

月　日

一つの花②／漢字を使おう　6

63

漢字足し算　16

名前

漢字の足し算をしよう。

①　阝＋丷＋豕＝□

②　車＋八＋一＋冊＝□

③　日＋亠＋口＋小＝□

④　氵＋彡＋戈＝□

⑤　广＋氏＋一＝□

⑥　井＋月＋攵＝□

⑦　丨＋日＋儿＝□

＊答えの漢字でことばを作ろう。

東書4年②

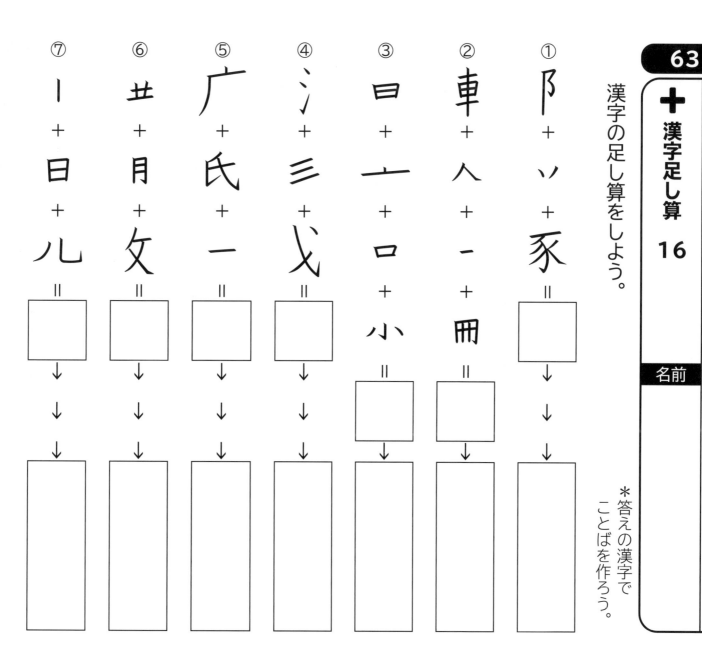

64

月　日

漢字足し算 17

くらしの中の和と洋／「和と洋新聞」を作ろう①

名前

漢字の足し算をしよう。

＊答えの漢字でことばを作ろう。

① 亠 ＋ 亻 ＋ ㇛ ＝ □ ↓ ↓ ↓ □

② 罒 ＋ 十 ＋ 目 ＋ 乚 ＝ □ ↓ □

③ 丷 ＋ 王 ＋ ノ ＋ 工 ＝ □ ↓ □

④ 𥫗 ＋ 艮 ＋ 卩 ＝ □ ↓ ↓ ↓ □

⑤ ⺌ ＋ 日 ＋ 十 ＝ □ ↓ ↓ ↓ □

⑥ ⺌ ＋ 冖 ＋ 木 ＝ □ ↓ ↓ ↓ □

⑦ 𦍌 ＋ 八 ＋ 良 ＝ □ ↓ ↓ ↓ □

⑧ 土 ＋ 𠂉 ＋ 口 ＋ 皿 ＝ □ ↓ □

65

月　日

「和と洋新聞」を作ろう②／つなぐ言葉

漢字足し算 18

名前

漢字の足し算をしよう。

＊答えの漢字でことばを作ろう。

① 𠂉＋卌＋一＋灬＝□→□

② 立＋丿＋生＝□→□

③ 小＋丿＋目＝□→□

④ 日＋刀＋口＋灬＝□→□

⑤ ネ＋口＋儿＝□→□

⑥ 言＋王＋乚＝□→□

⑦ ム＋月＋𠤎＋灬＝□→□

⑧ 广＋卄＋ヒ＋匕＝□→□

月　日

66

漢字足し算 19

聞いてほしいな、こんな出来事／じゅく語の意味①

名前

漢字の足し算をしよう。

① 歹 ＋ 三 ＋ 戈 ＝ □ → → → □

② 一 ＋ 亻 ＋ 丶 ＝ □ → → → □

③ 冫 ＋ 人 ＋ 丶 ＋ マ ＝ □ → □

④ 亻 ＋ 氏 ＋ 一 ＝ □ → → → □

⑤ 氵 ＋ 卄 ＋ 冂 ＋ 山 ＝ □ → □

⑥ 一 ＋ 木 ＝ □ → → → → → □

⑦ 土 ＋ ノ ＋ ヒ ＝ □ → → → □

⑧ 丶 ＋ 艮 ＋ 乀 ＝ □ → → → □

＊答えの漢字でことばを作ろう。

東書4年②

67

＋漢字足し算 20

じゅく語の意味②／ごんぎつね①

月　日

名前

漢字の足し算をしよう。

＊答えの漢字でことばを作ろう。

① 卩＋土＋儿＋土＝□→□

② 己＋攵＝□→→→→□

③ 扌＋斤＋戈＝□→→→□

④ 刀＋辶＝□→→→→□

⑤ 卄＋罒＋木＝□→→→□

⑥ 二＋川＝□→→→→□

⑦ 木＋八＋ム＝□→→→□

⑧ 亻＋貝＋刂＝□→→→□

東書4年②

68

月　日

＋漢字足し算 21

ごんぎつね②～言葉の意味と使い方

名前

漢字の足し算をしよう。

＊答えの漢字でことばを作ろう。

① 𠆢＋ラ＋心＝□→→→□

② 糸＋日＋日＋し＝□→□

③ 冂＋古＋一＝□→→→□

④ カ＋ロ＋貝＝□→→→□

⑤ 青＋ク＋尹＝□→→→□

⑥ 冂＋土＋ロ＝□→→→□

⑦ 孑＋ノ＋糸＝□→→→□

⑧ 木＋𠂉＋母＝□→→→□

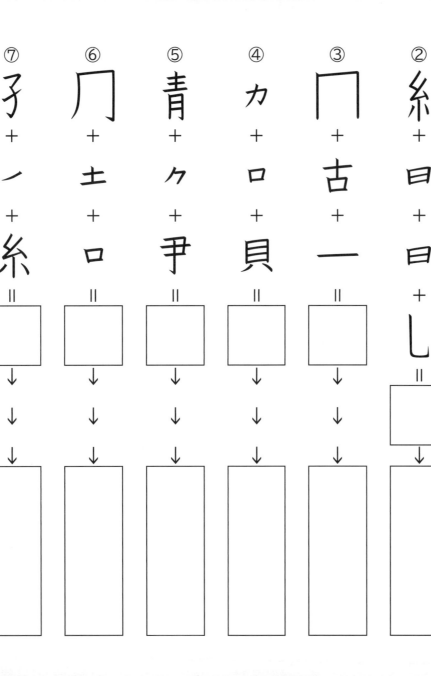

69

月　日

百人一首に親しもう／漢字を使おう　8

＋漢字足し算　22

名前

漢字の足し算をしよう。

＊答えの漢字でことばを作ろう。

① 一＋木＋子＝□↓↓↓□

② 木＋し＝□↓↓↓↓□

③ ロ＋日＋日＝□↓↓↓□

④ 冂＋ㅛ＋山＝□↓↓↓□

⑤ 广＋亻＋寸＝□↓↓↓□

⑥ 亻＋立＋日＋心＝□↓□

⑦ 丬＋し＋く＝□↓↓↓□

⑧ 人＋、＋マ＝□↓↓↓□

70

おねがいやお礼の手紙をかこう～クラスで話し合って決めよう

月　日

☆足りないのはどこ（形をよく見て）8

名前

足りないところを見つけて、正しく書こう。

① 願書《がんしょ》 →

② 什近《ふきん》 →

③ 協調《きょうちょう》 →

④ 面積《めんせき》 →

⑤ 大ノ《ふじん》 →

⑥ 以外《いがい》 →

⑦ 会議《かいぎ》 →

⑧ 目標《もくひょう》 →

東書4年③

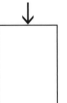

月　　日

足りないのはどこ（形をよく見て）9

名前

足りないところを見つけて、正しく書こう。

① 人《たい》群《ぐん》
↓
□

② 郡《ぐん》部《ぶ》
↓
□

③ 教《きょう》官《かん》
↓
□

④ 血《けっ》管《かん》
↓
□

⑤ 富《ふ》じ山《さん》
↓
□

⑥ 主《せい》徒《と》
↓
□

⑦ 海《かい》水《すい》浴《よく》
↓
□

⑧ 街《まち》角《かど》
↓
□

⑨ 電《でん》灯《とう》
↓
□

⑩ 挙《きょ》手《しゅ》
↓
□

72

月　日

文の組み立てと修飾語②／一つの花①

足りないのはどこ（形をよく見て）10

名前

足りないところを見つけて、正しく書こう。

①投票《とうひょう》↓

②卒園《そつえん》↓

③金貨《きんか》↓

④沖《おき》合《あ》い↓

⑤対戦《たいせん》↓

⑥争点《そうてん》↓

⑦給食《きゅうしょく》↓

⑧昼飯《ひるめし》↓

⑨地帯《ちたい》↓

⑩泣《な》き声《ごえ》↓

東書4年③

73

月　日

一つの花②／漢字を使おう 6

足りないのはどこ（形をよく見て）11

名前

足りないところを見つけて、正しく書こう。

① 軍《ぐん》歌《か》
↓
□

② 兵《ひょう》車《ご》
↓
□

③ 隊《たい》長《ちょう》
↓
□

④ 指《ゆび》輪《わ》
↓
□

⑤ 風《ふう》景《けい》
↓
□

⑥ 遠《とお》浅《あさ》
↓
□

⑦ 海《かい》底《てい》
↓
□

⑧ 散《ち》らす
↓
□

⑨ 園《えん》児《じ》
↓
□

東書4年③

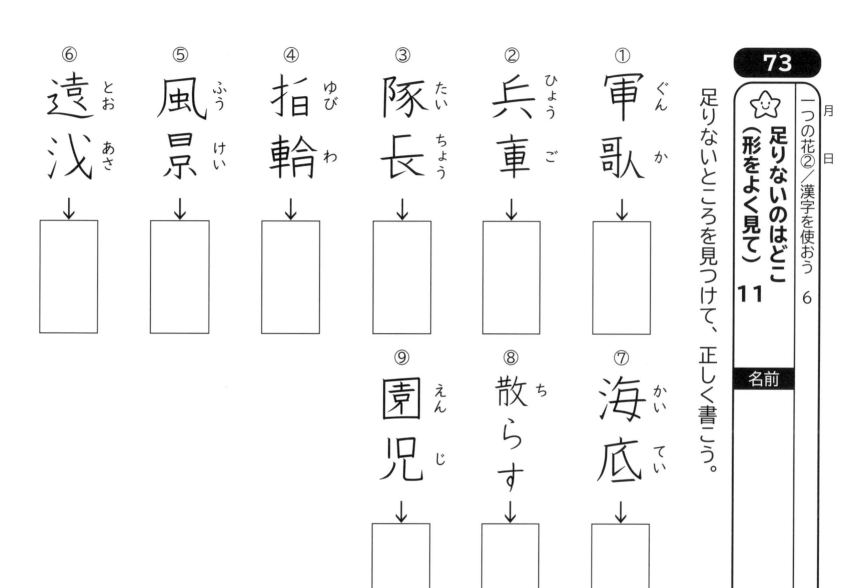

74

くらしの中の和と洋／「和と洋新聞」を作ろう／つなぐ言葉①

月　日

足りないのはどこ（形をよく見て）12

名前

足りないところを見つけて、正しく書こう。

① 衣《い》服《ふく》 ↓ □

② 物《もの》置《おき》 ↓ □

③ 時《じ》差《さ》 ↓ □

④ 調《ちょう》節《せつ》 ↓ □

⑤ 単《たん》語《ご》 ↓ □

⑥ 栄《えい》光《こう》 ↓ □

⑦ 養《よう》分《ぶん》 ↓ □

⑧ 塩《えん》分《ぶん》 ↓ □

⑨ 無《ぶ》事《じ》 ↓ □

⑩ 出《しゅっ》産《さん》 ↓ □

⑪ 反《はん》省《せい》 ↓ □

⑫ 照《しょう》明《めい》 ↓ □

東書4年③

足りないのはどこ（形をよく見て）13

名前

足りないところを見つけて、正しく書こう。

① 礼《しゅく》口《じつ》 ↓ □

② 試《し》合《あい》 ↓ □

③ 日《しろ》熊《くま》 ↓ □

④ 寸《こ》鹿《じか》 ↓ □

⑤ 残《ざん》暑《しょ》 ↓ □

⑥ 下《ぶ》月《よう》心《じん》 ↓ □

⑦ 令《れい》気《き》 ↓ □

⑧ 低《てい》温《おん》 ↓ □

⑨ 満《まん》員《いん》 ↓ □

⑩ 木《み》未《らい》 ↓ □

⑪ 老《お》いる ↓ □

⑫ 良《りょう》心《しん》 ↓ □

月　日

じゅく語の意味②／ごんぎつね／漢字を使おう 7

足りないのはどこ 14 （形をよく見て）

名前

足りないところを見つけて、正しく書こう。

① 着《ちゃく》陸《りく》 → □

② 改《かい》王《せい》 → □

③ 城《じょう》丁《か》町《まち》 → □

④ 海《うみ》辺《べ》 → □

⑤ 菜《な》の花《はな》 → □

⑥ 井《い》戸《ど》 → □

⑦ 松《まつ》材《ばやし》 → □

⑧ 側《そく》面《めん》 → □

⑨ 記《き》念《ねん》 → □

⑩ 縄《なわ》とび → □

⑪ 回《こ》定《てい》 → □

⑫ 年《ねん》賀《が》 → □

月　日

人物のせいかくと行動を表す言葉～漢字を使おう　8

足りないのはどこ（形をよく見て）15

名前

足りないところを見つけて、正しく書こう。

① 安《あん》静《せい》 →

② 周《しゅう》期《き》 →

③ 子《し》孫《そん》 →

④ 梅《うめ》酒《しゅ》 →

⑤ 夏《か》季《き》 →

⑥ 新《しん》札《さつ》 →

⑦ 合《がっ》唱《しょう》 →

⑧ 静《しず》岡《おか》 →

⑨ 京《きょう》都《と》府《ふ》 →

⑩ 百《ひゃく》億《おく》 →

⑪ 前《ぜん》兆《ちょう》 →

⑫ 命《めい》令《れい》 →

東書4年③

おねがいやお礼の手紙を書こう～クラスで話し合って決めよう

月　日

漢字を入れよう 12

名前

文を読んで、ぴったりの漢字を入れよう。

①やっとのことで、長年の□いがかなった。

②ぬかるんだ地面に、足あとが□く。

③なかのよい友だちと□力して、作品を作る。

④大雪で、屋根に雪が一メートル□もる。

⑤日にやけた農□が、畑をたがやす。

⑥大きな木の太さは、一メートル□上もある。

⑦みんなで、学級会の□題を相談する。

⑧お正月に、今年の目□を立てた。

ヒント　議　願　積　協　夫　標　以　付

漢字を入れよう　13

名前

文を読んで、ぴったりの漢字を入れよう。

①落とした角ざとうに、アリが□がっている。

②手紙のあて先に、〇〇□〇〇町と書く。

③あの人は、みんなを守るけいさつ□です。

④水道□がやぶれて、水びたしになる。

⑤商売で成功して、大きな□をえる。

⑥家から学校まで、□歩で十五分です。

⑦夏休みに、家族で海水□に行った。

ヒント　郡　浴　管　群　富　徒　官

80

漢字を入れよう 14

文の組み立てと修飾語

月　日

名前

文を読んで、ぴったりの漢字を入れよう。

①町の商店□で、買い物をする。

②夜の海に、□台の明かりが見える。

③しつ問がある人は、手を□げてください。

④明日は、市長選きょの投□日です。

⑤六年生が□業して、中学校に行く。

⑥夜の駅を、□物列車が通りすぎる。

⑦日本の一番西にある県は、□なわ県です。

ヒント　沖　灯　街　貨　卒　挙　票

東書4年④

81

月　日

一つの花①

漢字を入れよう 15

名前

文を読んで、ぴったりの漢字を入れよう。

①ゲームに負けないように、作□を立てる。

②運動会は、赤白で勝ち負けを□う。

③この学校の□食は、とてもおいしい。

④母がエプロンをつけて、夕□のしたくをする。

⑤お祭りの日、ゆかたを着て□を結ぶ。

⑥赤ちゃんが、大きな声で□いている。

⑦おじいさんは□人で、せんそうに行った。

⑧百人の□隊が、ならんで行進する。

ヒント　飯　争　兵　給　軍　泣　帯　戦

東書4年④

月　日

一つの花②／漢字を使おう 6

漢字を入れよう 16

名前

文を読んで、ぴったりの漢字を入れよう。

①レスキュー□に助けをもとめる。

②校庭で、友だちと、一□車の練習をする。

③山の上から、百万ドルの夜□をながめる。

④この海岸は、遠□で安全だ。

⑤海ぞくの船が、海の□にしずんだ。

⑥朝早く、犬を□歩に連れて行く。

⑦学校に、毎朝、□童が登校する。

ヒント　散　輪　景　児　底　隊　浅

くらしの中の和と洋／「和と洋新聞」を作ろう①

漢字を入れよう 17

名前

文を読んで、ぴったりの漢字を入れよう。

①秋になり、夏の□類をしまう。

②雨が上がって、電車にかさを□きわすれる。

③夜が明けて、部屋に朝日が□しこんだ。

④二月三日は□分で、豆まきをする。

⑤姉が、カードに□語を書いている。

⑥この町は昔、宿場町で□えていた。

⑦根から、土の中の□分をとる。

⑧海の水は、とても□からい。

ヒント　衣　差　塩　栄　節　単　置　養

月　日

「和と洋新聞」を作ろう②／つなぐ言葉

漢字を入れよう 18

名前

文を読んで、ぴったりの漢字を入れよう。

①ゲームを買って、お年玉がもう□い。

②かわいい子犬が、三びき□まれた。

③自分の悪かったところを、反□する。

④今日は、朝から日が□って、とても暑い。

⑤たん生日を、みんなでお□いする。

⑥野球の□合が、正午に開始される。

⑦□もとは、くまモンのキャラクターが有名だ。

⑧なら公園の□に、せんべいをあげた。

ヒント　熊　鹿　産　照　無　祝　省　試

月　日

聞いてほしいな、こんな出来事／じゅく語の意味①

漢字を入れよう 19

名前

文を読んで、ぴったりの漢字を入れよう。

①屋根の上に、きのうの雪が□っている。

②うまくいくかどうか、□安でねむれない。

③今日はくもりで、プールの水が□たい。

④ぼくは兄より、ずいぶんせが□い。

⑤今夜の月は、真ん丸の□月だ。

⑥十年後の□来の自分へ、手紙を書く。

⑦バスで、乗ってきた□人に席をゆずる。

⑧なかの□い友だちと、公園で遊ぶ。

ヒント　未　残　満　不　低　良　老　冷

月　日

じゅく語の意味②／ごんぎつね①

漢字を入れよう 20

名前

文を読んで、ぴったりの漢字を入れよう。

①船の上から、遠くの□地を見る。

②心を□めて、もう一度取り組む。

③この町は、古くからの□下町です。

④三角形の、三つの□の長さをはかる。

⑤夕食のおかずに、野□サラダを作った。

⑥福□県の形は、ゾウの顔ににている。

⑦森の中で、□ぼっくりを拾う。

⑧学校のろうかは、右□を歩きます。

ヒント　菜　改　井　側　辺　陸　城　松

月　日

ごんぎつね②～言葉の意味と使い方

漢字を入れよう 21

名前

文を読んで、ぴったりの漢字を入れよう。

①ゆう勝した記□に、メダルをもらった。

②沖□県の海は、サンゴがきれいだ。

③工作で使うのりが、□まってしまった。

④来年のえとを入れて、年□じょうを作った。

⑤「シーン」と□かで、音がしない。

⑥船で、世界一□の旅をする。

⑦おじいさんが、小さな□の手を引いて歩く。

⑧すっぱい□ぼしを、口に入れる。

ヒント　周　梅　縄　固　念　賀　孫　静

漢字を入れよう 22

百人一首に親しもう／漢字を使おう 8

月　日

名前

文を読んで、ぴったりの漢字を入れよう。

① 一年には春夏秋冬の、四□がある。

② 学校では、左むねに名□をつけている。

③ 合□コンクールで歌う曲を決める。

④ ももたろうのお話は、□山県で生まれた。

⑤ 日本には、四十七の都道□県がある。

⑥ たからくじが当たって□万長者になる。

⑦ 一おくの一万倍は、一□です。

⑧ 遠足で、先生が集合の号□をかける。

ヒント　兆　令　億　府　札　季　唱　岡

東書4年④

3学期

月　日

数え方を生みだそう／漢字を使おう　9

かくれたパーツをさがせ　30

名前

かくれたパーツをさがして、かんせいさせよう。

① 建（□）た(てる)
□《いえ》を□《た》てる。

② 希（□）キ
□《きぼう》を□《も》つ。

③ 利（□）なし
□《やまなし》県の□《どうろ》。

④ 云（□）ゲイ
□《しゅげい》を□《はじ》める。

⑤ 次（□）いばら
□《いばら》の□《みち》を□《すす》む。

⑥ 人（□）ケツ
□《しゅっけつ》を□《しら》べる。

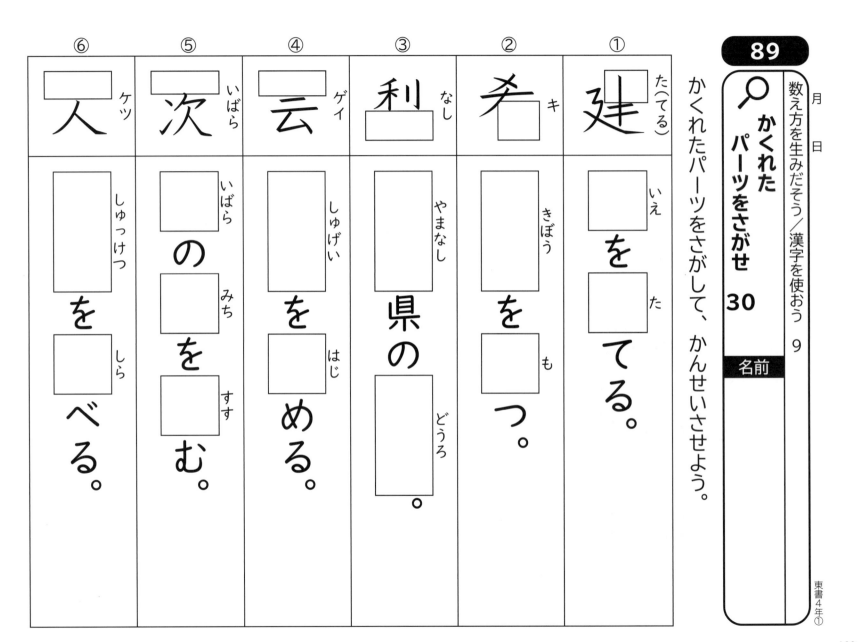

90

調べたことをほうこくしよう／漢字を使おう 10①

月　日

かくれたパーツをさがせ 31

名前

かくれたパーツをさがして、かんせいさせよう。

①
□中《なか》
□《なかま》と□《かつどう》する。

②
徳□《トク》
□《どうとく》の□《じかん》。

③
□圣《ケイ》
□《えん》の□《ちょっけい》。

④
□竟《かがみ》
□《かがみ》に□《かお》がうつる。

⑤
□攵《ボク》
□《ぼくじょう》の□《うし》や□《うま》。

⑥
夂□《カク》
□《かくち》の□《てんき》。

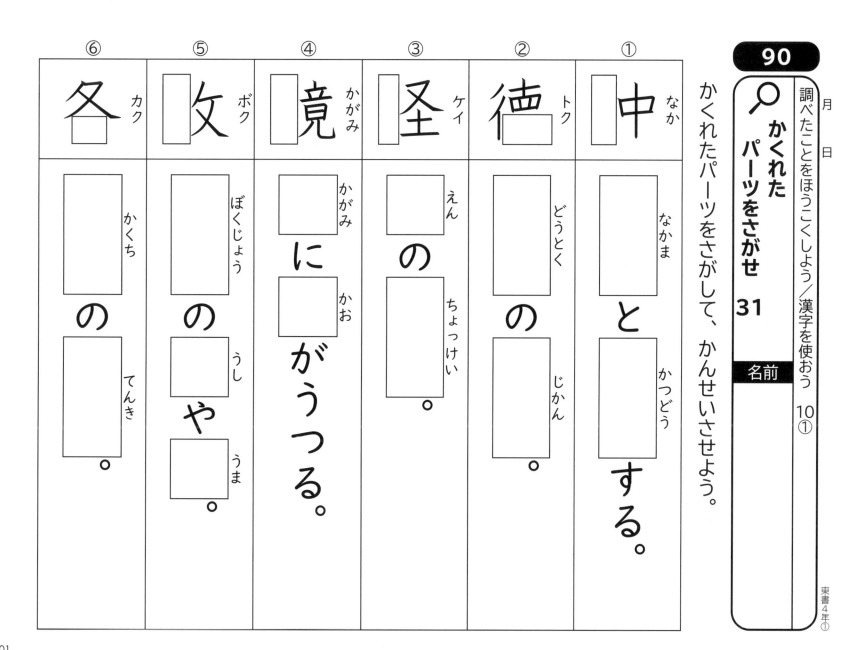

月　日

漢字を使おう　10②／同じ読み方の漢字①

かくれたパーツをさがせ　32

名前

かくれたパーツをさがして、かんせいさせよう。

①　□氏《シ》
□《しめい》を□《ひょう》に□《か》く。

②　⺍冖□《ロウ》
□《くろう》を□《かさ》ねる。

③　□亟《キョク》
□《なんきょく》は□《さむ》い。

④　□乍《サク》
□《さくねん》の□《ふゆ》のこと。

⑤　畐□《フク》
□《ふくだいひょう》になる。

⑥　匚□《ジン》
□《だいじん》の□《しごと》。

東書4年①

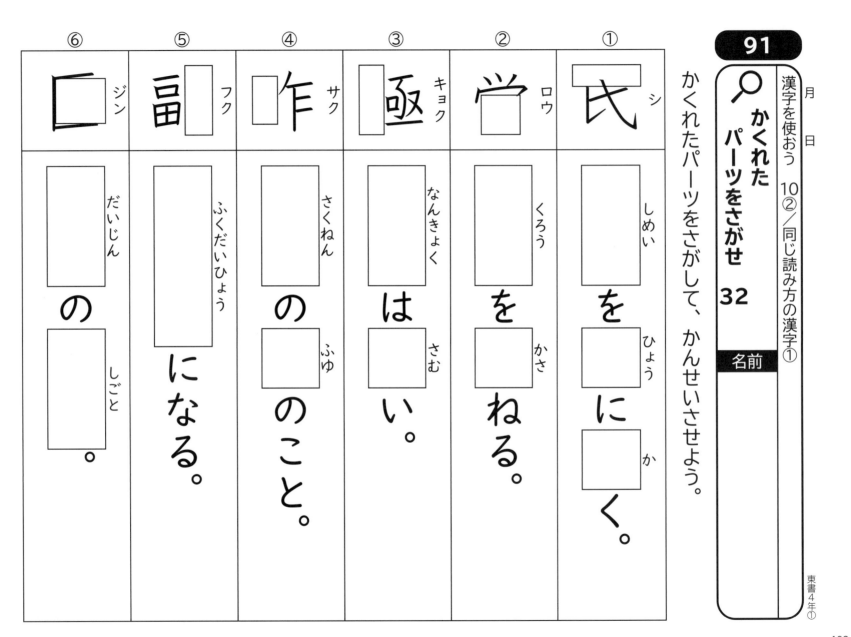

かくれたパーツをさがせ 33

名前

かくれたパーツをさがして、かんせいさせよう。

① □果（カ）
□《かだい》を□《だ》す。

② □戒（カイ）
□《きかい》で□《うご》く□《にんぎょう》。

③ 香（か）
□《かがわ》県の□《ちじ》。

④ 氏（ミン）
□《じゅうみん》が□《はな》し□《あ》う。

⑤ 甬（いさ(む)）
□《いさ》ましいかけ□《ごえ》。

⑥ □言（シン）
□《あかしんごう》で□《と》まる。

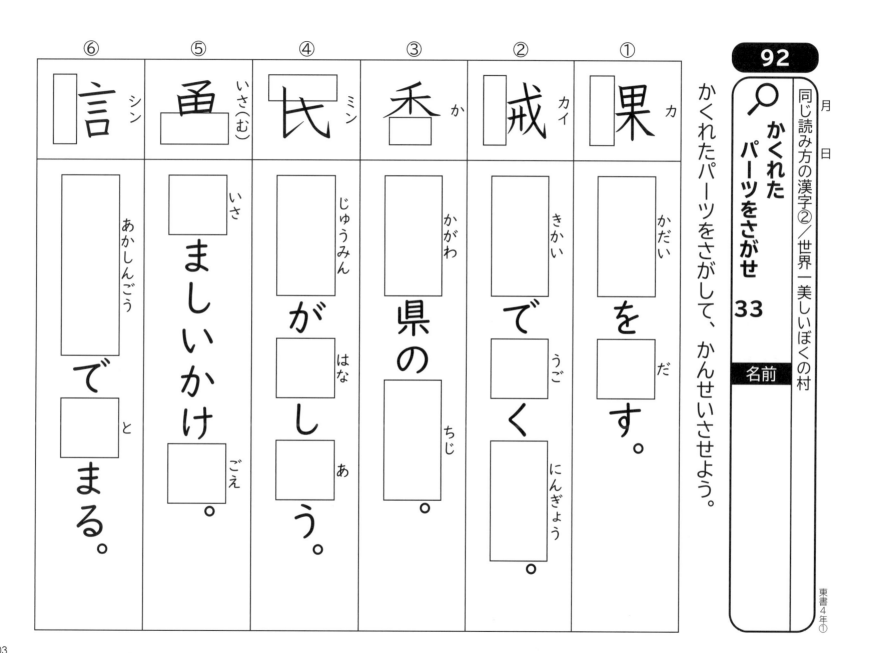

93

かくれたパーツをさがせ 34

漢字を使おう11①

月　日

名前

かくれたパーツをさがして、かんせいさせよう。

① □舄《かた》
□《にいがた》県の□《がっこう》。

② □支［キ］
□《ぎふ》市の□《じんこう》。

③ 𠂤□《フ》
□《ぎふ》県の□《こうえん》。

④ □厉《とち》
□《とちぎ》県の□《こくどう》。

⑤ □奇《さい》
□《さいたま》県の□《びょういん》。

⑥ 示□《ナ》
□《なら》県の□《だいがく》。

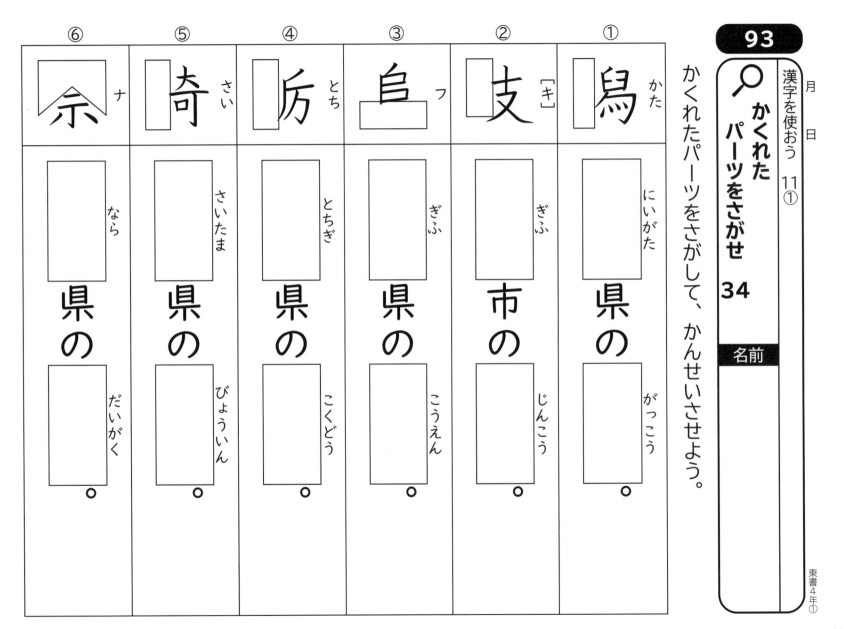

漢字を使おう 11②

月　日

かくれたパーツをさがせ 35

名前

かくれたパーツをさがして、かんせいさせよう。

① □茲［ジ］
□《しが》県の□《みずうみ》。

② □反［ハン］
□《とうきょう》と□《おおさか》。

③ □爰［エン］
□《えひめ》県の□《とうぶ》。

④ □左 サ
□《さが》県の□《ぶんか》。

⑤ □奇 さき
□《ながさき》県の□《ほくぶ》。

東書4年①

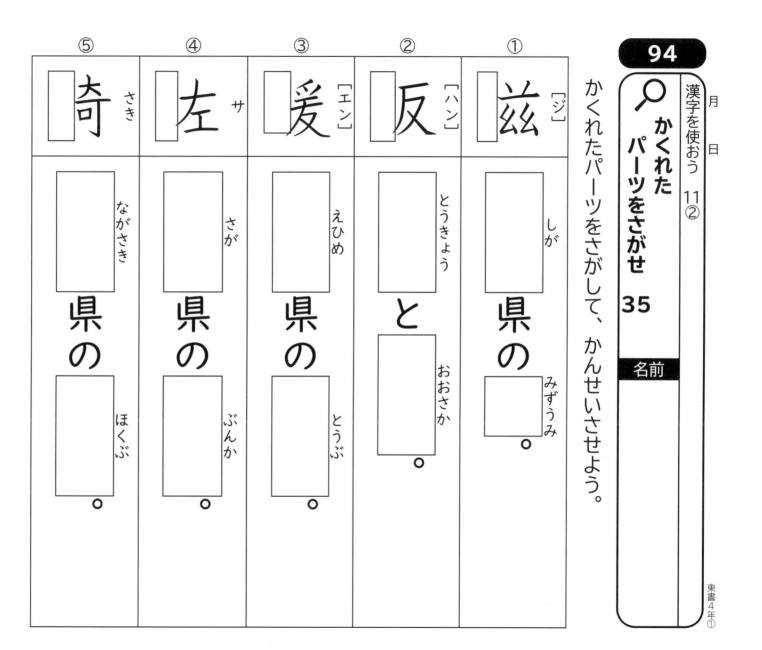

95

漢字足し算 23

数え方を生みだそう／漢字を使おう 9／調べたことをほうこくしよう

月　日

名前

漢字の足し算をしよう。

＊答えの漢字でことばを作ろう。

① ヨ ＋ 丰 ＋ 又 ＝ □ → → → → □

② メ ＋ ナ ＋ 巾 ＝ □ → → → → □

③ 禾 ＋ 刂 ＋ 木 ＝ □ → → → → □

④ 艹 ＋ 二 ＋ 厶 ＝ □ → → → → □

⑤ 艹 ＋ 冫 ＋ 欠 ＝ □ → → → → □

⑥ 𠂉 ＋ 人 ＝ □ → → → → □

⑦ 亻 ＋ 口 ＋ 丨 ＝ □ → → → → □

東書4年②

96

月　日

漢字を使おう10

漢字足し算 24

名前

漢字の足し算をしよう。

＊答えの漢字でことばを作ろう。

① 彳 + 十 + 罒 + 心 = □ → □

② 彳 + 又 + 土 = □ → □

③ 金 + 立 + 日 + 儿 = □ → □

④ 牛 + 文 = □ → □

⑤ 夂 + 口 = □ → □

⑥ 𠃊 + 弋 = □ → □

東書4年②

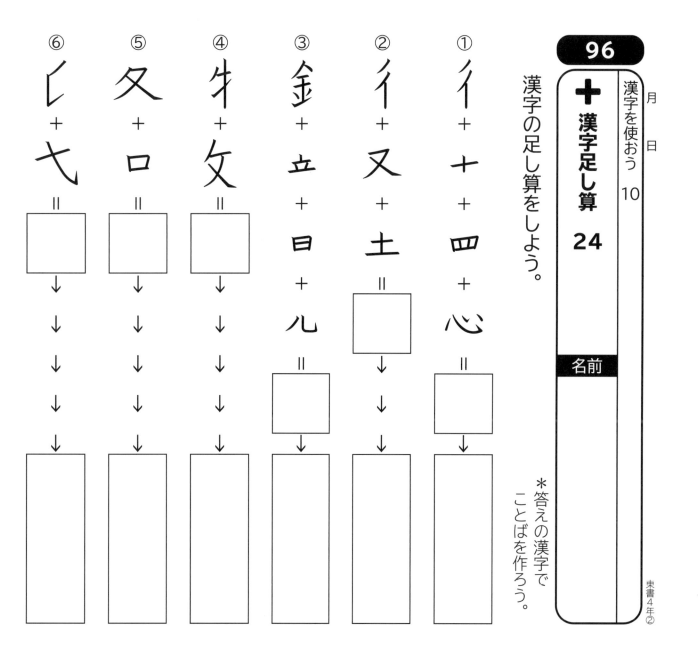

月　日

同じ読み方の漢字

97

＋漢字足し算25

名前

漢字の足し算をしよう。

＊答えの漢字でことばを作ろう。

① ⺍＋冖＋力＝□→↓↓

② 木＋丂＋㕚＋一＝□→

③ 日＋𠂉＋⺊＝□→↓↓

④ 一＋口＋田＋刂＝□→

⑤ ｜＋一＋宀＋一＝□→

⑥ 言＋日＋木＝□→↓↓

⑦ 木＋一＋卄＋戈＝□→

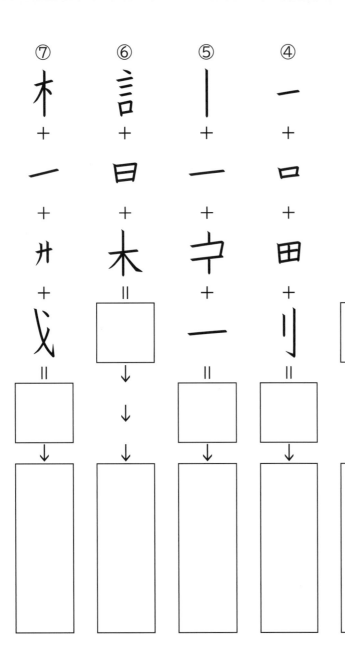

＋漢字足し算 26

名前

漢字の足し算をしよう。

＊答えの漢字でことばを作ろう。

① 一＋木＋日＝□
② 尸＋弋＝□
③ マ＋田＋力＝□
④ 亻＋亠＋言＝□
⑤ 氵＋白＋勹＋灬＝□
⑥ 山＋十＋又＝□
⑦ ノ＋呂＋十＝□
⑧ 木＋厂＋万＝□

99

漢字を使おう　11②

月　日

漢字足し算　27

名前

漢字の足し算をしよう。

＊答えの漢字でことばを作ろう。

①　土＋大＋可＝□↓↓↓↓□

②　大＋示＝□↓↓↓↓↓□

③　氵＋䒑＋幺＋幺＝□↓□

④　阝＋反＝□↓↓↓↓↓□

⑤　女＋⺍＋友＝□↓↓↓□

⑥　亻＋左＝□↓↓↓↓↓□

⑦　山＋大＋可＝□↓↓↓□

東書4年②

月　日

足りないのはどこ（形をよく見て）16

名前

足りないところを見つけて、正しく書こう。

① 建《けん》国《こく》

② 布《き》望《ぼう》

③ 梨《なし》の才《き》

④ 芸《げい》ノ《にん》

⑤ 次《いばら》の道《みち》

⑥ 出《しゅっ》欠《けつ》

⑦ 仲《なか》間《ま》

⑧ 徳《とく》島《しま》

⑨ 半《はん》径《けい》

⑩ 鏡《きょう》台《だい》

⑪ 牧《ぼく》場《じょう》

⑫ 名《かく》目《じ》

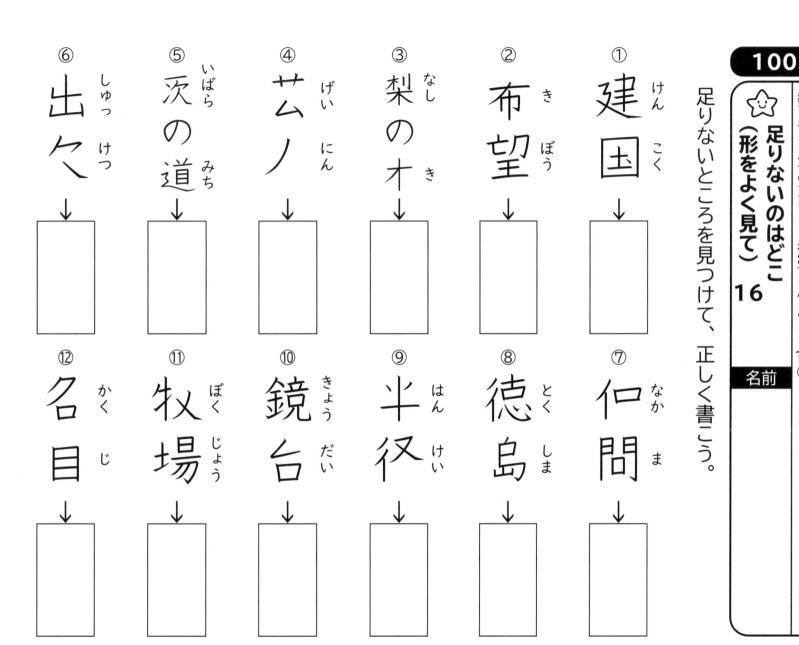

101

足りないのはどこ（形をよく見て）17

名前

足りないところを見つけて、正しく書こう。

①　氏《し》名《めい》

②　苦《く》労《ろう》

③　北《ほっ》極《きょく》

④　昨《さく》夜《や》

⑤　副《ふく》会《かい》長《ちょう》

⑥　大《だい》臣《じん》

⑦　課《か》題《だい》

⑧　機《き》械《かい》

⑨　香《か》川《がわ》

⑩　市《し》民《みん》

⑪　勇《ゆう》者《しゃ》

⑫　自《じ》信《しん》

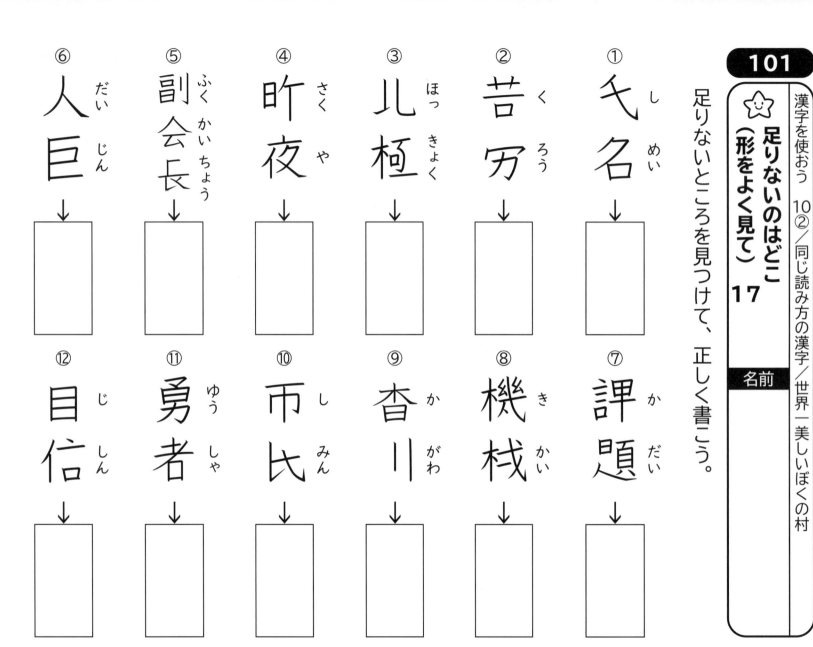

漢字を使おう 11

月　日

足りないのはどこ（形をよく見て）18

名前

足りないところを見つけて、正しく書こう。

① 新《にい》潟《がた》 →

② 岐《ぎ》阜《ふ》 →

③ 枋《とち》才《ぎ》 →

④ 埼《さい》王《たま》 →

⑤ 奈《な》艮《ら》 →

⑥ 滋《し》賀《が》 →

⑦ 人《おお》阪《さか》 →

⑧ 愛《え》媛《ひめ》 →

⑨ 佐《さ》賀《が》 →

⑩ 宮《みや》崎《ざき》 →

東書4年③

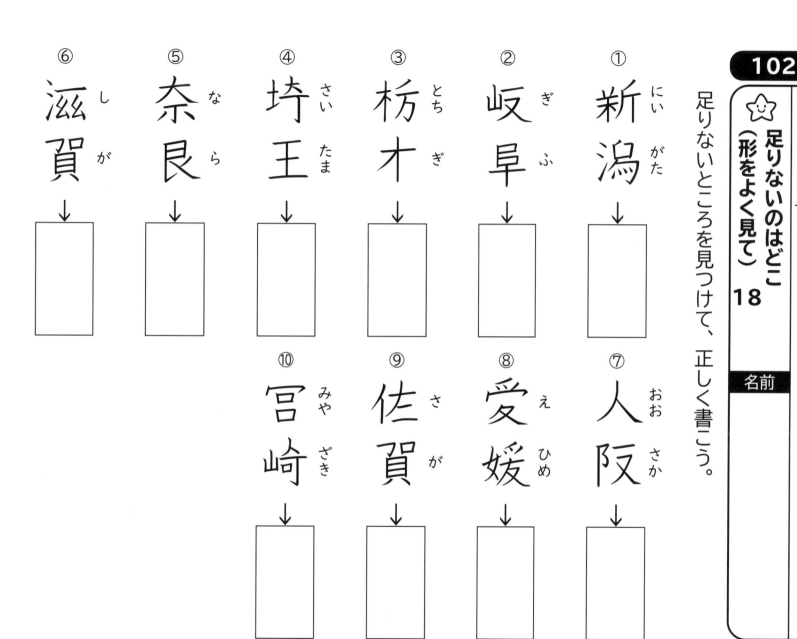

月　日

数え方を生みだそう／漢字を使おう　9／調べたことをほうこくしよう

漢字を入れよう 23

名前

東書4年④

文を読んで、ぴったりの漢字を入れよう。

①駅前に、新しいビルが□った。

②あの人は、みんなの□望の星だ。

③リニア新かん線は、山□県を通る。

④テレビに、お笑い□人が出ている。

⑤らくな道ではなく、□の道を選んでがんばる。

⑥体のために、毎日□かさず運動をする。

⑦けんかをした友だちと、□直りをする。

ヒント　希　仲　欠　建　梨　茨　芸

漢字を使おう 10

月　日

漢字を入れよう 24

名前

文を読んで、ぴったりの漢字を入れよう。

①今日の三時間目は、道□の時間です。

②この円の直□は、何センチですか。

③天体望遠□で、星を見た。

④高原の□場に、牛や馬がいる。

⑤テレビで、日本□地の天気を見る。

⑥持ち物には、必ず□名を書いてください。

ヒント　牧　鏡　氏　徳　径　各

東書4年④

月　日

同じ読み方の漢字

漢字を入れよう 25

名前

文を読んで、ぴったりの漢字を入れよう。

① わがままで、家族に苦□をかける。

② 動物園で、北□熊の親子を見た。

③ 今年は、□年より雪の日が多い。

④ 放送委員の、委員長と□委員長を決める。

⑤ 国会で、日本のそう理大□を決める。

⑥ あの人は、縄とびを毎日の日□にしている。

⑦ 工場で、大きな機□が動いている。

ヒント　課　極　労　械　昨　臣　副

月　日

106

漢字を入れよう 26

世界一美しいぼくの村／漢字を使おう 11①

名前

文を読んで、ぴったりの漢字を入れよう。

① □川県は、うどんが有名な四国の県です。

② 新しい市長が、住□の声を聞く。

③ 強い相手と、□気を出して戦う。

④ 赤□号から青に変わって、車が動き出す。

⑤ 新□県では、おいしいお米がたくさんとれる。

⑥ 長野県や、となりの□ふ県には海がない。

⑦ ぎ□県は、日本の真ん中にある県です。

⑧ □木県は、いちご王国とよばれています。

ヒント　阜　栃　岐　民　信　香　勇　潟

東書4年④

107

漢字を入れよう 27

漢字を使おう 11②

月　日

名前

文を読んで、ぴったりの漢字を入れよう。

①東京都の北側に、□玉県がある。

②神□川県の横はまは、港町です。

③□賀県には、日本一大きな湖がある。

④たこやきが有名なのは、大□です。

⑤愛□県は、四国にある県です。

⑥□賀県で、熱気球の大会が開かれた。

⑦長□で、カステラのおみやげを買った。

ヒント　滋　奈　埼　佐　阪　媛　崎

答え

（解答例）

1

1　こわれた千の楽器①　月　日

かくれたパーツをさがせ　1　名前

かくれたパーツをさがして、かんせいさせよう。

① 器《キ》　食器《しょっき》を配《くば》る。

② 倉《ソウ》　体育《たいいく》倉庫《そうこ》に運《はこ》ぶ。

③ 巣《す》　鳥《とり》が巣箱《すばこ》に帰《かえ》る。

④ 覚《おぼ(える)》　漢字《かんじ》を覚《おぼ》える。

⑤ 働《はたら(く)》　会社《かいしゃ》で働《はたら》く。

⑥ 失《シツ》　失礼《しつれい》なたい度《ど》。

東書4年①

2

2　こわれた千の楽器②　月　日

かくれたパーツをさがせ　2　名前

かくれたパーツをさがして、かんせいさせよう。

① 包《つつ(む)》　紙《かみ》に包《つつ》む。

② 例《レイ》　例文《れいぶん》を書《か》く。

③ 案《アン》　案内板《あんないばん》を見《み》る。

④ 続《つづ(く)》　雨《あめ》がふり続《つづ》く。

⑤ 変《か(わる)》　空《そら》の色《いろ》が変《か》わる。

⑥ 伝《つた(わる)》　昔話《むかしばなし》が伝《つた》わる。

東書4年①

3

3　漢字を使おう　1／図書館へ行こう①　月　日

かくれたパーツをさがせ　3　名前

かくれたパーツをさがして、かんせいさせよう。

① 借《か(りる)》　本《ほん》を借《か》りる。

② 求《もと(める)》　追《お》い求《もと》める。

③ 録《ロク》　番組《ばんぐみ》を録画《ろくが》する。

④ 努《つと(める)》　勉学《べんがく》に努《つと》める。

⑤ 然《ゼン》　自然《しぜん》を守《まも》る。

⑥ 類《ルイ》　言葉《ことば》を分類《ぶんるい》する。

東書4年①

4

4　図書館へ行こう②／話を聞いて質問しよう①　月　日

かくれたパーツをさがせ　4　名前

かくれたパーツをさがして、かんせいさせよう。

① 法《ホウ》　方法《ほうほう》を考《かんが》える。

② 料《リョウ》　料理《りょうり》の調味料《ちょうみりょう》。

③ 別《わか(れる)》　友《とも》と駅《えき》で別《わか》れる。

④ 参《まい(る)》　お宮参《みやまい》りに行《い》く。

⑤ 加《くわ(える)》　水《みず》を少《すこ》し加《くわ》える。

⑥ 芽《め》　球根《きゅうこん》が芽《め》を出《だ》す。

東書4年①

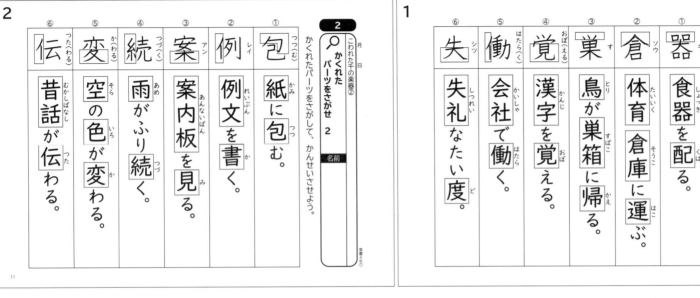

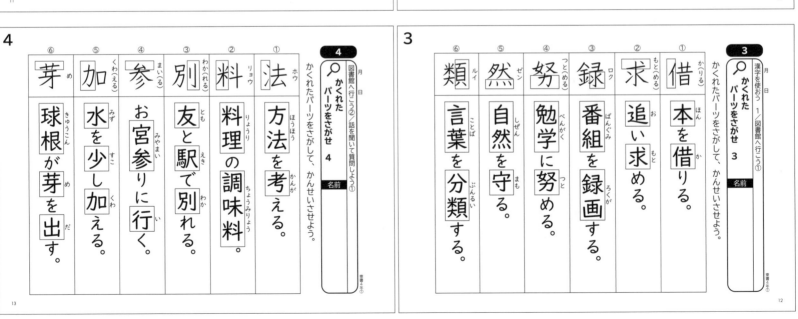

5

話を聞いて質問しよう②／かんじてんの使い方①

月　日

かくれたパーツをさがせ 5

名前

かくれたパーツをさがして、かんせいさせよう。

① 司《シ》　学級会《がっきゅうかい》の司会《しかい》者。

② 辞《ジ》　辞書《じしょ》で調《しら》べる。

③ 典《テン》　百科《ひゃっか》事典《じてん》を見《み》る。

④ 成《な(る)》　漢字《かんじ》の成《な》り立《た》ち。

⑤ 説《セツ》　泳《およ》ぎ方《かた》の説明《せつめい》。

⑥ 連《レン》　十連発《じゅうれんぱつ》の花火《はなび》。

6

漢字辞典の使い方②

月　日

かくれたパーツをさがせ 6

名前

かくれたパーツをさがして、かんせいさせよう。

① 順《ジュン》　順番《じゅんばん》を待《ま》つ。

② 訓《クン》　消火《しょうか》訓練《くんれん》をする。

③ 種《たね》　大根《だいこん》の種《たね》をまく。

④ 便《ビン》　ゆう便《びん》で送《おく》る。

⑤ 利《リ》　電車《でんしゃ》を利用《りよう》する。

⑥ 治《なお(る)》　病気《びょうき》が治《なお》る。

7

ヤドカリとイソギンチャク①

月　日

かくれたパーツをさがせ 7

名前

かくれたパーツをさがして、かんせいさせよう。

① 観《カン》　観客《かんきゃく》が集《あつ》まる。

② 察《サツ》　調《しら》べて考察《こうさつ》する。

③ 験《ケン》　理科《りか》の実験《じっけん》。

④ 好《す(く)》　好《す》きな食《た》べ物《もの》。

⑤ 飛《と(ぶ)》　鳥《とり》が空《そら》を飛《と》ぶ。

⑥ 関《カン》　自分《じぶん》との関係《かんけい》。

8

ヤドカリとイソギンチャク②／漢字を使おう 2①

月　日

かくれたパーツをさがせ 8

名前

かくれたパーツをさがして、かんせいさせよう。

① 博《ハク》　博物館《はくぶつかん》に行《い》く。

② 結《ケツ》　二《ふた》つが結合《けつごう》する。

③ 果《カ》　果実《かじつ》を食《た》べる。

④ 機《キ》　人《ひと》に会《あ》う機会《きかい》。

⑤ 量《リョウ・はか(る)》　食事《しょくじ》の量《りょう》を量《はか》る。

⑥ 熱《あつ(い)》　熱《あつ》いお湯《ゆ》。

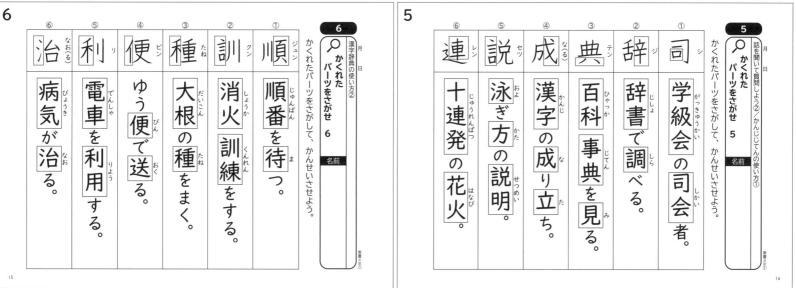

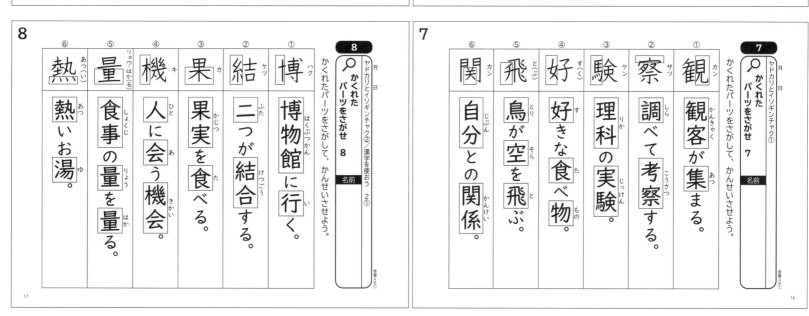

9

9 漢字を使おう 2②／わたしのクラスの「生き物図かん」

かくれたパーツをさがせ 9

月　日　名前

かくれたパーツをさがして、かんせいさせよう。

① 清《きよ(い)》　清《きよ》く正《ただ》しい人《ひと》。

② 漁《リョウ》　船《ふね》が漁《りょう》に出《で》る。

③ 害《ガイ》　有害物《ゆうがいぶつ》が出《で》る。

④ 材《ザイ》　新聞《しんぶん》の取材《しゅざい》。

⑤ 完《カン》　火《ひ》を完全《かんぜん》に消《け》す。

東書4年①

18

10

10 走れ①

かくれたパーツをさがせ 10

月　日　名前

かくれたパーツをさがして、かんせいさせよう。

① 約《ヤク》　えい画《が》の予約《よやく》。

② 束《たば》　母《はは》に花束《はなたば》を送《おく》る。

③ 席《セキ》　客席《きゃくせき》を用意《ようい》する。

④ 位《イ》　全国《ぜんこく》一位《い》になる。

⑤ 笑《わら(う)》　大声《おおごえ》で笑《わら》う。

⑥ 特《トク》　特急《とっきゅう》電車《でんしゃ》に乗《の》る。

19

11

11 走れ②

かくれたパーツをさがせ 11

月　日　名前

かくれたパーツをさがして、かんせいさせよう。

① 焼《や(く)》　世話《せわ》を焼《や》く。

② 競《キョウ》　自転車《じてんしゃ》で競走《きょうそう》。

③ 初《はじ(め)》　初《はじ》めの一歩《いっぽ》。

④ 旗《はた》　赤組《あかぐみ》の旗《はた》をふる。

⑤ 最《もっと(も)》　最《もっと》も気温《きおん》が高《たか》い。

東書4年①

20

12

12 漢字を使おう 3／人物の気持ちと行動を表す言葉

かくれたパーツをさがせ 12

月　日　名前

かくれたパーツをさがして、かんせいさせよう。

① 健《ケン》　健全《けんぜん》な肉体《にくたい》。

② 康《コウ》　健康《けんこう》な生活《せいかつ》。

③ 達《タツ》　速達《そくたつ》で送《おく》る。

④ 功《コウ》　打《う》ち上《あ》げ成功《せいこう》。

⑤ 敗《やぶ(れる)》　決勝《けっしょう》で敗《やぶ》れる。

⑥ 望《のぞ(む)》　雨《あめ》を待《ま》ち望《のぞ》む。

東書4年①

21

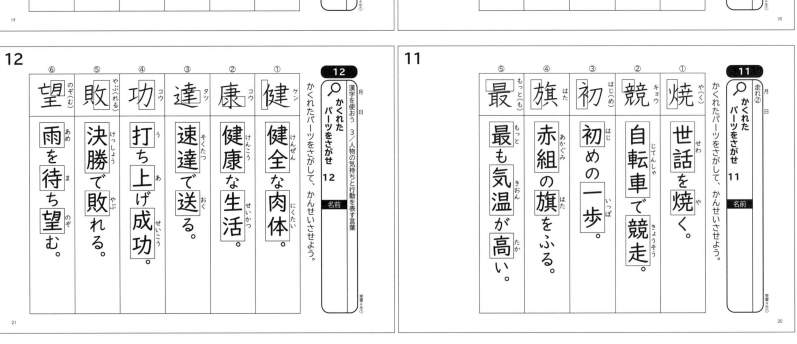

13

13

漢字を使おう　4

かくれたパーツをさがせ　13

月　日　名前

かくれたパーツをさがして、かんせいさせよう。

① 共《キョウ》　共通点《きょうつうてん》がない。

② 英《エイ》　英語《えいご》を話《はな》す人《ひと》。

③ 末《マツ》　年末《ねんまつ》の大《おお》そうじ。

④ 愛《アイ》　姉《あね》の愛読書《あいどくしょ》。

⑤ 候《コウ》　今日《きょう》は悪天候《あくてんこう》だ。

⑥ 折《お(る)》　指折《ゆびお》り数《かぞ》える。

東書4年①

14

14

広告を読みくらべよう

かくれたパーツをさがせ　14

月　日　名前

かくれたパーツをさがして、かんせいさせよう。

① 的《テキ》　目的《もくてき》を考《かんが》える。

② 必《かなら(ず)》　今回《こんかい》は必《かなら》ず勝《か》つ。

③ 要《ヨウ》　重要《じゅうよう》な問題《もんだい》。

④ 印《しるし》　赤《あか》い目印《めじるし》。

⑤ 刷《す(る)》　はん画《が》を刷《す》る。

⑥ 選《セン・えら(ぶ)》　代表《だいひょう》選手《せんしゅ》を選《えら》ぶ。

東書4年①

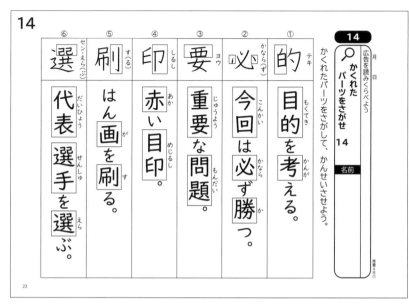

15

こわれた千の楽き①　月　日

＋漢字足し算 1

名前

漢字の足し算をしよう。

＊答えの漢字でことばを作ろう。

① 口口 ＋ 大 ＋ 口口 ＝ 器 → 食器
② 𠆢 ＋ 一 ＋ 戸 ＋ 口 ＝ 倉 → 米倉
③ ⺍ ＋ 日 ＋ 木 ＝ 巣 → 巣箱
④ ⺍ ＋ 冖 ＋ 見 ＝ 覚 → 感覚
⑤ 亻 ＋ 重 ＋ 力 ＝ 働 → 働き者
⑥ 𠂉 ＋ 大 ＝ 失（別解 矢） → 失礼
⑦ 勹 ＋ 己 ＝ 包 → 包丁
⑧ 亻 ＋ 歹 ＋ 刂 ＝ 例 → 例文

東書4年②

24

16

こわれた千の楽器②／漢字を使おう 1①　月　日

＋漢字足し算 2

名前

漢字の足し算をしよう。

＊答えの漢字でことばを作ろう。

① 宀 ＋ 女 ＋ 木 ＝ 案 → 名案
② 糸 ＋ 土 ＋ 冖 ＋ 儿 ＝ 続 → 持続
③ 亠 ＋ 小 ＋ 夂 ＝ 変 → 変身
④ 亻 ＋ 二 ＋ 厶 ＝ 伝 → 伝記
⑤ 亻 ＋ 卄 ＋ 日 ＝ 借 → 借金
⑥ 一 ＋ 水 ＋ 、 ＝ 求 → 追求
⑦ 金 ＋ ヨ ＋ 水 ＝ 録 → 記録

東書4年②

25

17

漢字を使おう 1②／図書館へ行こう／話を聞いて質問しよう①　月　日

＋漢字足し算 3

名前

漢字の足し算をしよう。

＊答えの漢字でことばを作ろう。

① 女 ＋ 又 ＋ 力 ＝ 努 → 努力
② 夕 ＋ 犬 ＋ 灬 ＝ 然 → 当然
③ 米 ＋ 大 ＋ 頁 ＝ 類 → 人類
④ 氵 ＋ 土 ＋ 厶 ＝ 法 → 方法
⑤ 米 ＋ ⺀ ＋ 十 ＝ 料 → 食料
⑥ 口 ＋ 力 ＋ 刂 ＝ 別 → 別人
⑦ 厶 ＋ 大 ＋ 彡 ＝ 参 → 持参
⑧ 力 ＋ 口 ＝ 加 → 追加

東書4年②

26

18

話を聞いて質問しよう②／漢字じてんの使い方①　月　日

＋漢字足し算 4

名前

漢字の足し算をしよう。

＊答えの漢字でことばを作ろう。

① 艹 ＋ 牙 ＝ 芽 → 発芽
② 𠃌 ＋ 一 ＋ 口 ＝ 司 → 司会
③ 舌 ＋ 立 ＋ 十 ＝ 辞 → 辞書
④ 曲 ＋ 一 ＋ 八 ＝ 典 → 事典
⑤ 厂 ＋ フ ＋ 戈 ＝ 成 → 成長
⑥ 言 ＋ ソ ＋ 兄 ＝ 説 → 説明
⑦ 車 ＋ 辶 ＝ 連 → 連休
⑧ 川 ＋ 一 ＋ 貝 ＝ 順 → 順調

東書4年②

27

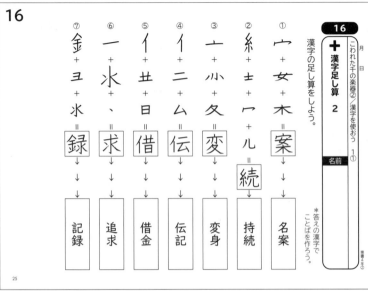

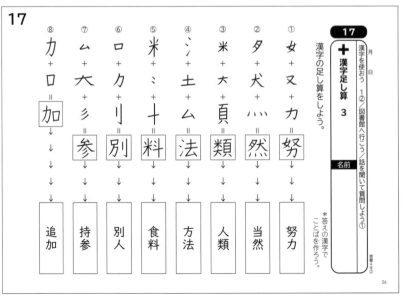

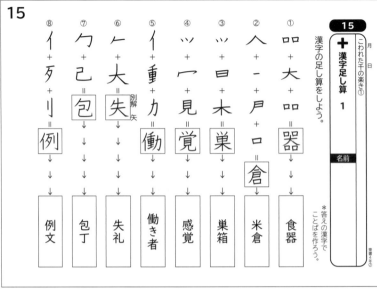

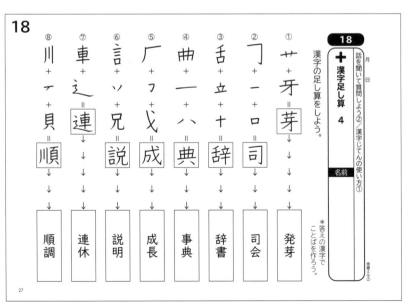

19

19 漢字辞典の使い方②／ヤドカリとイソギンチャク①

月　日

漢字足し算 5

名前

漢字の足し算をしよう。

＊答えの漢字でことばを作ろう。

① 言＋川＝訓 → 訓練
② 禾＋ニ＋日＋土＝種 → 品種
③ 亻＋亘＋人＝便 → 便所
④ 禾＋刂＝利 → 勝利
⑤ 氵＋ム＋口＝治 → 治安
⑥ 𠂉＋隹＋見＝観 → 観光
⑦ 宀＋夕＋又＋示＝察 → 考察
⑧ 馬＋人＋央＝験 → 体験

東書4年②

20

20 ヤドカリとイソギンチャク②

月　日

漢字足し算 6

名前

漢字の足し算をしよう。

＊答えの漢字でことばを作ろう。

① 女＋子＝好 → 好物
② 飞＋｜＋亻＋飞＝飛 → 飛行
③ 門＋关＝関 → 関所
④ 十＋甫＋寸＝博 → 博物館
⑤ 糸＋士＋口＝結 → 結合
⑥ 日＋木＝果 → 成果
⑦ 木＋幺＋幺＋戈＝機 → 機会

東書4年②

21

21 漢字を使おう 2／わたしのクラスの「生き物図かん」

月　日

漢字足し算 7

名前

漢字の足し算をしよう。

＊答えの漢字でことばを作ろう。

① 日＋一＋里＝量 → 重量
② 𡈼＋土＋丸＋灬＝熱 → 熱湯
③ 氵＋龶＋月＝清 → 清書
④ 氵＋⺈＋田＋灬＝漁 → 漁業
⑤ 宀＋龶＋口＝害 → 害虫
⑥ 木＋才＝材 → 材木
⑦ 宀＋二＋儿＝完 → 完成

東書4年②

22

22 走れ①

月　日

漢字足し算 8

名前

漢字の足し算をしよう。

＊答えの漢字でことばを作ろう。

① 糸＋勹＋丶＝約 → 予約
② 一＋口＋木＝束 → 約束
③ 广＋廿＋巾＝席 → 着席
④ 亻＋立＝位 → 順位
⑤ ⺮＋丿＋大＝笑 → 笑い声
⑥ 牛＋土＋寸＝特 → 特長
⑦ 火＋十＋廿＋儿＝焼 → 夕焼け

東書4年②

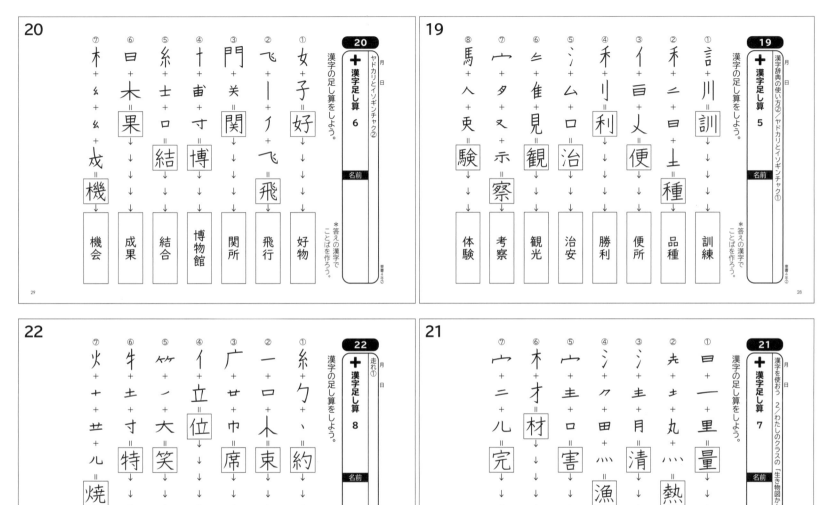

23

23 ＋漢字足し算 9

走れ②／漢字を使おう 3

月　日

名前

漢字の足し算をしよう。

① 立＋兄＋立＋兄＝競 → 競泳
② ネ＋刀＝初 → 初雪
③ 方＋𠂉＋其＋八＝旗 → 国旗
④ 曰＋耳＋又＝最 → 最近
⑤ イ＋聿＋廴＝健 → 健全
⑥ 广＋ヨ＋氺＝康 → 健康
⑦ 土＋羊＋辶＝達 → 上達

＊答えの漢字でことばを作ろう。

東書4年②

32

24

24 ＋漢字足し算 10

人物の気持ちと行動を表す言葉／漢字を使おう 4①

月　日

名前

漢字の足し算をしよう。

① エ＋力＝功 → 成功
② 貝＋文＝敗 → 敗者
③ 亡＋月＋王＝望 → 待望
④ 艹＋一＋八＝共 → 公共
⑤ 艹＋口＋人＝英 → 英会話
⑥ 一＋木＝末（別解 末） → 週末
⑦ 爫＋冖＋心＋夂＝愛 → 愛読書

＊答えの漢字でことばを作ろう。

東書4年②

33

25

25 ＋漢字足し算 11

漢字を使おう 4②／広告を読みくらべよう

月　日

名前

漢字の足し算をしよう。

① イ＋｜＋ユ＋矢＝候 → 天候
② 扌＋斤＝折 → 折り紙
③ 白＋勹＋丶＝的 → 目的
④ ソ＋乚＋丶丶＝必 → 必死
⑤ 覀＋女＝要 → 重要
⑥ 𠂎＋卩＝印 → 矢印
⑦ 尸＋巾＋刂＝刷 → 刷る
⑧ 己＋己＋共＋辶＝選 → 選手

＊答えの漢字でことばを作ろう。

東書4年②

34

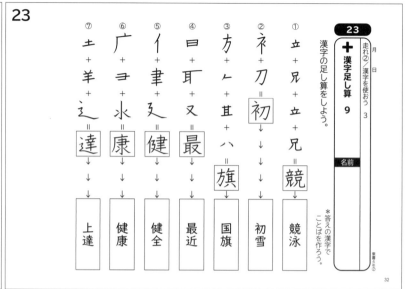

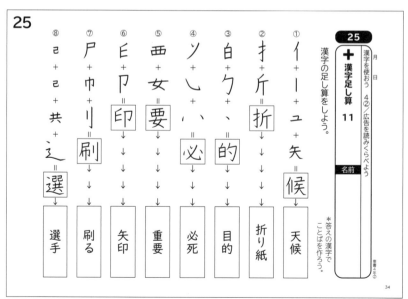

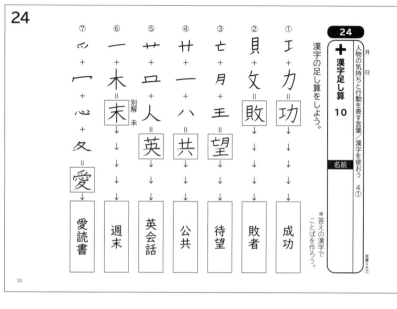

26

26 月 日
こわれた千の楽器
足りないのはどこ（形をよく見て）1
名前

足りないところを見つけて、正しく書こう。

① しょっき → 食器
② こめぐら → 米倉
③ すばこ → 巣箱
④ かんかく → 感覚
⑤ はたらきもの → 働き者
⑥ しつれい → 失礼
⑦ ほうちょう → 包丁
⑧ れいぶん → 例文
⑨ めいあん → 名案
⑩ じぞく → 持続
⑪ へんしん → 変身
⑫ でんき → 伝記

東書4年①

27

27 月 日
漢字を使おう1／図書館へ行こう／話を聞いて質問しよう①
足りないのはどこ（形をよく見て）2
名前

足りないところを見つけて、正しく書こう。

① しゃっきん → 借金
② ついきゅう → 追求
③ きろく → 記録
④ どりょく → 努力
⑤ とうぜん → 当然
⑥ じんるい → 人類
⑦ ほうほう → 方法
⑧ しょくりょう → 食料
⑨ べつじん → 別人
⑩ じさん → 持参
⑪ ついか → 追加
⑫ はつが → 発芽

東書4年①

28

28 月 日
話を聞いて質問しよう②／漢字じてんの使い方
足りないのはどこ（形をよく見て）3
名前

足りないところを見つけて、正しく書こう。

① しかい → 司会
② じしょ → 辞書
③ じてん → 事典
④ せいちょう → 成長
⑤ せつめい → 説明
⑥ れんきゅう → 連休
⑦ じゅんちょう → 順調
⑧ くんれん → 訓練
⑨ ひんしゅ → 品種
⑩ べんじょ → 便所
⑪ しょうり → 勝利
⑫ ちあん → 治安

東書4年①

29

29 月 日
ヤドカリとイソギンチャク
足りないのはどこ（形をよく見て）4
名前

足りないところを見つけて、正しく書こう。

① かんこう → 観光
② こうさつ → 考察
③ たいけん → 体験
④ こうぶつ → 好物
⑤ ひこう → 飛行
⑥ せきしょ → 関所
⑦ はくぶつかん → 博物館
⑧ けつごう → 結合
⑨ せいか → 成果
⑩ きかい → 機会

東書4年①

30

30　月　日
漢字を使おう 2／わたしのクラスの「生き物図かん」／走れ①
足りないのはどこ（形をよく見て）5
名前

足りないところを見つけて、正しく書こう。

① 重《じゅう》量《りょう》 → 重量
② 熱《ねっ》湯《とう》 → 熱湯
③ 清《せい》書《しょ》 → 清書
④ 漁《ぎょ》業《ぎょう》 → 漁業
⑤ 害《がい》虫《ちゅう》 → 害虫
⑥ 材《ざい》木《もく》 → 材木
⑦ 完《かん》成《せい》 → 完成
⑧ 予《よ》約《やく》 → 予約
⑨ 約《やく》束《そく》 → 約束
⑩ 着《ちゃく》席《せき》 → 着席
⑪ 順《じゅん》位《い》 → 順位
⑫ 笑《わら》い声《ごえ》 → 笑い声

東書4年③

31

31　月　日
走れ②／漢字を使おう 3／人物の気持ちと行動を表す言葉
足りないのはどこ（形をよく見て）6
名前

足りないところを見つけて、正しく書こう。

① 特《とく》長《ちょう》 → 特長
② ク《ゆう》焼《や》け → 夕焼け
③ 競《きょう》泳《えい》 → 競泳
④ 初《はつ》雪《ゆき》 → 初雪
⑤ 国《こっ》旗《き》 → 国旗
⑥ 最《さい》近《きん》 → 最近
⑦ 健《けん》全《ぜん》 → 健全
⑧ 健《けん》康《こう》 → 健康
⑨ 上《じょう》達《たつ》 → 上達
⑩ 成《せい》功《こう》 → 成功
⑪ 敗《はい》者《しゃ》 → 敗者
⑫ 待《たい》望《ぼう》 → 待望

東書4年③

32

32　月　日
漢字を使おう 4／広告をよみくらべよう
足りないのはどこ（形をよく見て）7
名前

足りないところを見つけて、正しく書こう。

① 公《こう》共《きょう》 → 公共
② 英《えい》会《かい》話《わ》 → 英会話
③ 週《しゅう》末《まつ》 → 週末
④ 愛《あい》読《どく》書《しょ》 → 愛読書
⑤ 天《てん》候《こう》 → 天候
⑥ 折《お》り紙《がみ》 → 折り紙
⑦ 目《もく》的《てき》 → 目的
⑧ 必《ひっ》死《し》 → 必死
⑨ 重《じゅう》要《よう》 → 重要
⑩ 矢《や》印《じるし》 → 矢印
⑪ 刷《す》る → 刷る
⑫ 選《せん》手《しゅ》 → 選手

東書4年③

33

こわれた千の楽器①
月　日
漢字を入れよう　1
名前
東書4年④

文を読んで、ぴったりの漢字を入れよう。

① 音楽会に使う楽**器**を、体育館に運ぶ。
② いらない荷物を、**倉**庫に入れておく。
③ 小鳥が木のえだに、**巣**を作っている。
④ 四年生は、漢字を二百文字あまり**覚**える。
⑤ お父さんは、毎日、会社で**働**いている。
⑥ うっかりして、大切なチャンスを**失**った。
⑦ プレゼントの箱を、白い紙で**包**む。
⑧ あなたを動物に**例**えると、何ですか。

ヒント　失　巣　包　倉　器　覚　働　例

34

こわれた千の楽器②／漢字を使おう　1①
月　日
漢字を入れよう　2
名前
東書4年④

文を読んで、ぴったりの漢字を入れよう。

① 校長先生が、お客さんを教室に**案**内する。
② 六月は、雨が何日もふり**続**いた。
③ 秋になると、緑色の葉が黄色に**変**わる。
④ 自分の気持ちを、きちんと相手に**伝**える。
⑤ 図書館で、本を二さつ**借**りました。
⑥ 海でおぼれそうになり、助けを**求**める。
⑦ 見たい番組を**録**画しておく。

ヒント　録　案　伝　求　変　続　借

35

漢字を使おう　1②／図書館へ行こう／話を聞いて質問しよう①
月　日
漢字を入れよう　3
名前
東書4年④

文を読んで、ぴったりの漢字を入れよう。

① 人の十倍**努**力して、なしとげる。
② 山や海の、自**然**を守る活動をする。
③ 図書室の本を分**類**して、たなにならべる。
④ 友だちと、一番うまくいく方**法**を考える。
⑤ 日曜日は、お父さんが**料**理をする。
⑥ 友だちと駅で、手をふって**別**れる。
⑦ 夏休みに、おじいさんのおはか**参**りに行く。
⑧ なべの中に、もう少し水を**加**える。

ヒント　料　類　然　努　加　別　参　法

36

話を聞いて質問しよう②／漢字じてんの使い方①
月　日
漢字を入れよう　4
名前
東書4年④

文を読んで、ぴったりの漢字を入れよう。

① チューリップの球根が、**芽**を出した。
② 前に出て、学級会の**司**会をする。
③ 知らない言葉を、**辞**書で調べる。
④ この百科事**典**は、ぶあつくて重い。
⑤ 十才で、二分の一**成**人式をおいわいする。
⑥ 先生が、図とグラフで**説**明する。
⑦ 今週は、金、土、日と三**連**休です。
⑧ 列にきちんとならんで、**順**番を待つ。

ヒント　司　典　説　連　成　辞　順　芽

37

37

漢字辞典の使い方②／ヤドカリとイソギンチャク①

漢字を入れよう 5

月　日　名前

文を読んで、ぴったりの漢字を入れよう。

①漢字には、音読みと訓読みがある。

②植木ばちに、アサガオの種をまいた。

③これは、とても便りな道具です。

④空き箱を利用して、おもちゃを作る。

⑤薬を飲んで、ようやく病気が治った。

⑥コンサートに、たくさんの観客が集まる。

⑦アサガオの育ち方を、かん察する。

⑧理科で、物の温まり方の実験をする。

ヒント　験　利　治　種　察　訓　観　便

東書4年④

46

38

38

ヤドカリとイソギンチャク②

漢字を入れよう 6

月　日　名前

文を読んで、ぴったりの漢字を入れよう。

①姉もわたしも、ケーキが大好きです。

②わたり鳥が、ならんで空を飛んでいる。

③そのことは、ぼくにはぜんぜん関係がない。

④きょうりゅうの博物館を、見学した。

⑤ほどけた、くつのひもを結び直す。

⑥木に、おいしそうな果実がなっている。

⑦上空で、機長のアナウンスがあった。

ヒント　果　博　結　機　好　関　飛

東書4年④

47

39

39

漢字を使おう 2／わたしのクラスの「生き物図かん」

漢字を入れよう 7

月　日　名前

文を読んで、ぴったりの漢字を入れよう。

①体重がふえたので、食事の量をへらす。

②インフルエンザにかかって、高い熱が出る。

③習字で、ていねいに清書をする。

④魚をとるために、船で漁に出る。

⑤さくらの木が、害虫のせいでかれた。

⑥新聞記者が、ニュースの取材をする。

⑦動いていた電車が、完全に止まった。

ヒント　材　清　完　害　量　熱　漁

東書4年④

48

40

40

走れ①

漢字を入れよう 8

月　日　名前

文を読んで、ぴったりの漢字を入れよう。

①駅前のホテルを、三人で予約する。

②プレゼントに、バラの花束をおくる。

③教室の、自分の席にすわる。

④マラソンでがんばって、一位になる。

⑤おかしくて、大きな口を開けて笑う。

⑥旅行に行くのに、特急電車に乗った。

⑦西の空が、夕焼けで赤くなる。

ヒント　位　特　笑　約　束　焼　席

東書4年④

49

41

41 漢字を入れよう 9

走れ②／漢字を使おう 3

月　日

名前

文を読んで、ぴったりの漢字を入れよう。

① 運動会の、かり物競走に出る。

② 十二月の寒い日、初雪がふった。

③ つな引きで、旗をふっておうえんする。

④ ふじ山は、日本で最も高い山です。

⑤ けがをしたので、ほ健室へ行った。

⑥ 病気をせずに、家族みんな、けん康です。

⑦ 赤い車で、ゆうびんを配達する。

ヒント　最　旗　康　初　健　競　達

東書4年④

50

42

42 漢字を入れよう 10

人物の気持ちと行動を表す言葉／漢字を使おう 4①

月　日

名前

文を読んで、ぴったりの漢字を入れよう。

① 日本が、ロケットの打ち上げに成功する。

② 全国大会の、おしくも決勝で敗れる。

③ 長年の望みが、ようやくかなった。

④ ぼくときみとの、共通点をさがす。

⑤ アメリカやイギリスの人は、英語を話す。

⑥ 年末に、自分の部屋の大そうじをする。

⑦ 花や生き物を、愛する心を持つ。

ヒント　末　功　望　愛　共　英　敗

東書4年④

51

43

43 漢字を入れよう 11

漢字を使おう 4②／広告を読みくらべよう

月　日

名前

文を読んで、ぴったりの漢字を入れよう。

① この島は、一年を通しておだやかな気候です。

② 強風で、木のえだが折れた。

③ はなった矢が、的の中心に命中した。

④ 今日は負けたが、次は必ず勝つ。

⑤ この文章の要点を、二十字にまとめる。

⑥ 大きな木を、目印にして進む。

⑦ プリンターで、地図をカラーいん刷する。

⑧ 大きくなったら、プロ野球の選手になる。

ヒント　刷　候　折　的　選　必　要　印

東書4年④

52

44

44 おねがいやお礼の手紙を書こう／ことわざ・故事成語を使おう

月　日

かくれたパーツをさがせ 15

名前

かくれたパーツをさがして、かんせいさせよう。

- ① 願《ねが(う)》　長年《ながねん》の願《ねが》い。
- ② 付《フ》　家《いえ》の付近《ふきん》の畑《はたけ》。
- ③ 協《キョウ》　二人《ふたり》で協力《きょうりょく》する。
- ④ 積《セキ》　面積《めんせき》を計算《けいさん》する。
- ⑤ 夫《おっと》　夫《おっと》と外食《がいしょく》する。

東書4年①

45

45 クラスで話し合ってきめよう／漢字を使おう 5①

月　日

かくれたパーツをさがせ 16

名前

かくれたパーツをさがして、かんせいさせよう。

- ① 以《イ》　八時以前《いぜん》に行《い》く。
- ② 議《ギ》　議題《ぎだい》を決《き》める。
- ③ 標《ヒョウ》　目標《もくひょう》を立《た》てる。
- ④ 群《グン》　虫《むし》の大群《たいぐん》が来《く》る。
- ⑤ 郡《グン》　県の郡《ぐん》部と市《し》部。

東書4年①

46

46 漢字を使おう 5②

月　日

かくれたパーツをさがせ 17

名前

かくれたパーツをさがして、かんせいさせよう。

- ① 官《カン》　教官《きょうかん》に教《おそ》わる。
- ② 管《カン》　時間《じかん》を管理《かんり》する。
- ③ 富《と(む)》　変化《へんか》に富《と》む地形《ちけい》。
- ④ 徒《ト》　駅《えき》から徒歩《とほ》十分。
- ⑤ 浴《あ(びる)》　日光《にっこう》を浴《あ》びる。

東書4年①

47

47 文の組み立てと修飾語①

月　日

かくれたパーツをさがせ 18

名前

かくれたパーツをさがして、かんせいさせよう。

- ① 街《ガイ》　駅前《えきまえ》の商店街《しょうてんがい》。
- ② 灯《トウ》　電灯《でんとう》が暗《くら》い。
- ③ 挙《キョ》　一挙《いっきょ》に仕上《しあ》げる。
- ④ 票《ヒョウ》　投票《とうひょう》用紙《ようし》に書《か》く。
- ⑤ 卒《ソツ》　小学校《しょうがっこう》を卒業《そつぎょう》。

東書4年①

2学期の答え

48～51

48

月　日

文の組み立てと修飾語②／一つの花①

かくれたパーツをさがせ 19

名前

かくれたパーツをさがして、かんせいさせよう。

① 貨《カ》　貨物《かもつ》列車《れっしゃ》が走《はし》る。

② 沖《おき》　沖《おき》なわ県《けん》の南部《なんぶ》。

③ 戦《セン》　作戦《さくせん》を考《かんが》える。

④ 争《あらそ(う)》　勝《か》ち負《ま》けを争《あらそ》う。

⑤ 給《キュウ》　今週《こんしゅう》の給食《きゅうしょく》当番。

東書4年①

58

49

月　日

一つの花②

かくれたパーツをさがせ 20

名前

かくれたパーツをさがして、かんせいさせよう。

① 飯《ハン》　夕飯《ゆうはん》を食《た》べる。

② 帯《おび》　黒《くろ》い着物《きもの》の帯《おび》。

③ 泣《な(く)》　大《おお》きな声《こえ》で泣《な》く。

④ 軍《グン》　白《しろ》い軍手《ぐんて》。

⑤ 兵《ヘイ》　水兵《すいへい》が船《ふね》に乗《の》る。

⑥ 隊《タイ》　部隊《ぶたい》の隊長《たいちょう》。

東書4年①

59

50

月　日

一つの花③／漢字を使おう 6

かくれたパーツをさがせ 21

名前

かくれたパーツをさがして、かんせいさせよう。

① 輪《リン》　三輪車《さんりんしゃ》に乗《の》る。

② 景《ケイ》　港《みなと》の夜景《やけい》を見《み》る。

③ 浅《あさ(い)》　深《ふか》い池《いけ》と浅《あさ》い池《いけ》。

④ 底《テイ》　海底《かいてい》の生《い》き物《もの》。

⑤ 散《サン》　犬《いぬ》の散歩《さんぽ》をする。

⑥ 児《ジ》　児童《じどう》が登校《とうこう》する。

東書4年①

60

51

月　日

くらしの中の和と洋／「和と洋新聞」を作ろう①

かくれたパーツをさがせ 22

名前

かくれたパーツをさがして、かんせいさせよう。

① 衣《イ》　夏《なつ》の衣服《いふく》を出《だ》す。

② 置《お(く)》　家《いえ》に薬《くすり》を置《お》く。

③ 差《さ(す)》　山《やま》の方《ほう》を指差《ゆびさ》す。

④ 節《セツ》　節分《せつぶん》に豆《まめ》をまく。

⑤ 単《タン》　単語《たんご》を書《か》く。

⑥ 栄《エイ》　ゆう勝《しょう》の栄光《えいこう》。

東書4年①

61

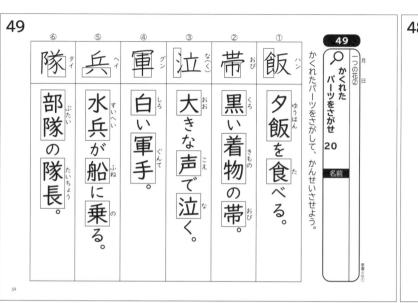

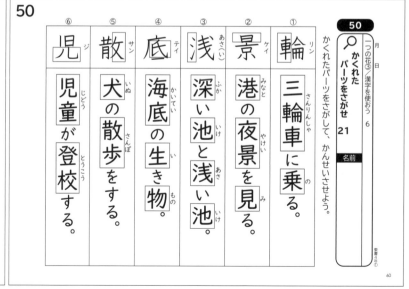

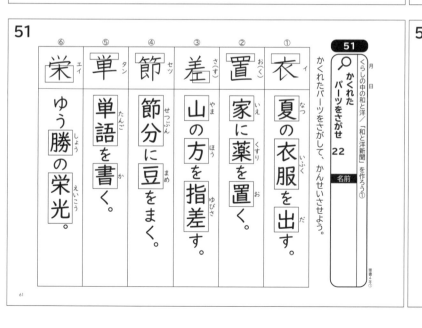

52

月　日

「和と洋新聞」を作ろう②／つなぐ言葉①

かくれたパーツをさがせ 23

名前

かくれたパーツをさがして、かんせいさせよう。

① 養《ヨウ》
養分《ようぶん》を送《おく》る。

② 塩《エン》
海水《かいすい》の塩分《えんぶん》。

③ 無《ム》
無人島《むじんとう》に行《い》く。

④ 産《う(まれる)》
子犬《こいぬ》が産《う》まれた。

⑤ 省《セイ》
深《ふか》く反省《はんせい》する。

⑥ 照《ショウ》
照明《しょうめい》を落《お》とす。

東書4年①

53

月　日

つなぐ言葉②／聞いてほしいな、こんな出来事

かくれたパーツをさがせ 24

名前

かくれたパーツをさがして、かんせいさせよう。

① 祝《シュク》
祝日《しゅくじつ》の朝《あさ》。

② 試《シ》
試合《しあい》に出場《しゅつじょう》する。

③ 熊《くま》
熊《くま》もと県《けん》の空港《くうこう》。

④ 鹿《しか》
動物園《どうぶつえん》の鹿《しか》。

⑤ 残《のこ(る)》
屋根《やね》に雪《ゆき》が残《のこ》る。

⑥ 不《フ》
不安《ふあん》に思《おも》う。

東書4年①

54

月　日

じゅく語の意味①

かくれたパーツをさがせ 25

名前

かくれたパーツをさがして、かんせいさせよう。

① 冷《レイ》
冷気《れいき》を感《かん》じる。

② 低《ひく(い)》
高《たか》い山《やま》と低《ひく》い山《やま》。

③ 満《マン》
真《ま》ん丸《まる》の満月《まんげつ》。

④ 未《ミ》
未来《みらい》を予想《よそう》する。

⑤ 老《ロウ》
元気《げんき》な老人《ろうじん》。

⑥ 良《よ(い)》
良《よ》い見本《みほん》。

東書4年①

55

月　日

じゅく語の意味②／ごんぎつね①

かくれたパーツをさがせ 26

名前

かくれたパーツをさがして、かんせいさせよう。

① 陸《リク》
陸地《りくち》を発見《はっけん》する。

② 改《あらた(める)》
心《こころ》を改《あらた》める。

③ 城《しろ》
お城《しろ》の見学《けんがく》。

④ 辺《べ》
湖《みずうみ》の岸辺《きしべ》を歩《ある》く。

⑤ 菜《サイ》
野菜《やさい》を食《た》べる。

⑥ 井《い》
福井《ふくい》市の図書館《としょかん》。

東書4年①

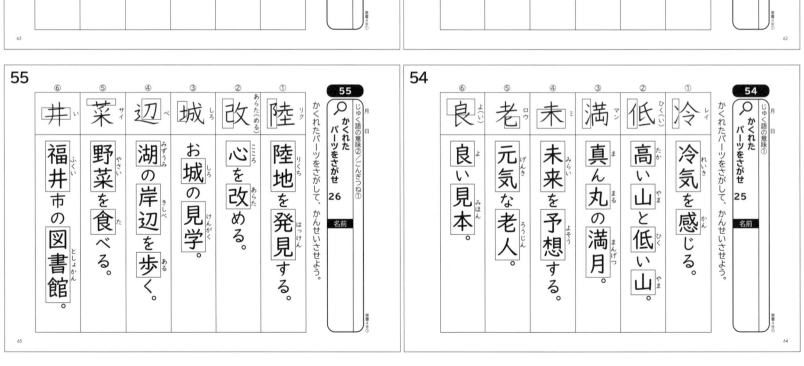

56

ごんぎつね②／漢字を使おう　7

月　日

かくれたパーツをさがせ　27

名前

かくれたパーツをさがして、かんせいさせよう。

① 松《まつ》
松林《まつばやし》を歩《ある》く。

② 側《がわ》
道《みち》の右側《みぎがわ》を歩《ある》く。

③ 念《ネン》
記念品《きねんひん》をもらう。

④ 縄《なわ》
沖縄《おきなわ》県の気温《きおん》。

⑤ 固《かた(める)》
雪《ゆき》を固《かた》める。

⑥ 賀《ガ》
ゆう勝《しょう》の祝賀《しゅくが》会。

東書4年①

66

57

人物のせいかくと行どうを表す言葉～百人一首に親しもう①

月　日

かくれたパーツをさがせ　28

名前

かくれたパーツをさがして、かんせいさせよう。

① 静《しず(か)》
静《しず》かな夜《よる》の森《もり》。

② 周《まわ(り)》
運動場《うんどうじょう》の周《まわ》り。

③ 孫《まご》
孫《まご》の手《て》を引《ひ》く。

④ 梅《うめ》
梅《うめ》の実《み》を集《あつ》める。

⑤ 季《キ》
夏季《かき》休業《きゅうぎょう》

⑥ 札《ふだ》
名札《なふだ》の名前《なまえ》。

東書4年①

67

58

百人一首に親しもう②／漢字を使おう　8

月　日

かくれたパーツをさがせ　29

名前

かくれたパーツをさがして、かんせいさせよう。

① 唱《とな(える)》
平和《へいわ》を唱《とな》える。

② 岡《おか》
岡山《おかやま》県の地図《ちず》。

③ 府《フ》
四十七都道府県《とどうふけん》

④ 億《オク》
億万《おくまん》長者《ちょうじゃ》になる。

⑤ 兆《チョウ》
地《じ》しんの前兆《ぜんちょう》。

⑥ 令《レイ》
王様《おうさま》の命令《めいれい》。

東書4年①

68

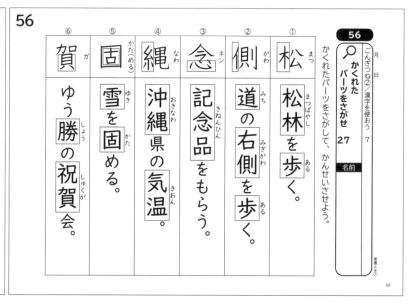

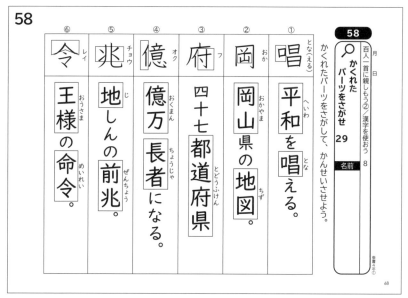

59

月　日
おねがいやお礼の手紙を書こう～クラスで話し合って決めよう
漢字足し算 12
名前

漢字の足し算をしよう。

① 厂＋白＋小＋頁＝願 → 願書
② 亻＋寸＝付 → 付近
③ 十＋カ＋カ＋カ＝協 → 協調
④ 禾＋龶＋貝＝積 → 面積
⑤ 二＋人＝夫 → 夫人
⑥ レ＋、＋人＝以 → 以外
⑦ 言＋𦍌＋我＝議 → 会議
⑧ 木＋西＋示＝標 → 目標

＊答えの漢字でことばを作ろう。

東書4年②

69

60

月　日
漢字を使おう 5
漢字足し算 13
名前

漢字の足し算をしよう。

① 尹＋口＋羊＝群 → 大群
② 尹＋口＋阝＝郡 → 郡部
③ 宀＋尸＋コ＝官 → 教官
④ 竹＋宀＋㠯＝管 → 血管
⑤ 宀＋一＋口＋田＝富 → 富じ山
⑥ 彳＋土＋龰＝徒 → 生徒
⑦ 氵＋八＋人＋口＝浴 → 海水浴

＊答えの漢字でことばを作ろう。

東書4年②

70

61

月　日
文の組み立てと修飾語
漢字足し算 14
名前

漢字の足し算をしよう。

① 彳＋土＋土＋亍＝街 → 街角
② 火＋丁＝灯 → 電灯
③ ⺍＋一＋八＋手＝挙 → 挙手
④ 西＋二＋小＝票 → 投票
⑤ 亠＋人＋人＋十＝卒 → 卒園
⑥ 亻＋匕＋貝＝貨 → 金貨
⑦ 氵＋中＝沖 → 沖合い

＊答えの漢字でことばを作ろう。

東書4年②

71

62

月　日
一つの花①
漢字足し算 15
名前

漢字の足し算をしよう。

① ⺍＋甲＋戈＝戦 → 対戦
② ⺈＋ヨ＋亅＝争 → 争点
③ 糸＋人＋一＋口＝給 → 給食
④ 食＋厂＋又＝飯 → 昼飯
⑤ 卄＋冖＋巾＝帯 → 地帯
⑥ 氵＋立＝泣 → 泣き声
⑦ 冖＋車＝軍 → 軍歌
⑧ 斤＋一＋八＝兵 → 兵庫

＊答えの漢字でことばを作ろう。

東書4年②

72

63

一つの花②／漢字を使おう 6

月 日

漢字足し算 16

名前

漢字の足し算をしよう。

＊答えの漢字でことばを作ろう。

① 阝＋ソ＋豕＝隊→→隊長
② 車＋人＋一＋冊＝輪→指輪
③ 日＋亠＋口＋小＝景→風景
④ 氵＋三＋戈＝浅→→遠浅
⑤ 广＋氏＋一＝底→→海底
⑥ 丗＋月＋攵＝散→→散らす
⑦ 丨＋日＋儿＝児→→園児

東書4年②

73

64

くらしの中の和と洋／「和と洋新聞」を作ろう①

月 日

漢字足し算 17

名前

漢字の足し算をしよう。

＊答えの漢字でことばを作ろう。

① 亠＋亻＋く＝衣→→衣服
② 罒＋十＋目＋L＝置→物置
③ ソ＋王＋ノ＋エ＝差→時差
④ ⺮＋艮＋卩＝節→→調節
⑤ ⺍＋日＋十＝単→→単語
⑥ ⺍＋冖＋木＝栄→→栄光
⑦ 羊＋八＋良＝養→→養分
⑧ 土＋𠂉＋口＋皿＝塩→塩分

東書4年②

74

65

「和と洋新聞」を作ろう②／つなぐ言葉

月 日

漢字足し算 18

名前

漢字の足し算をしよう。

＊答えの漢字でことばを作ろう。

① 𠂉＋卌＋一＋灬＝無→無事
② 立＋ノ＋生＝産→→出産
③ 小＋ノ＋目＝省→→反省
④ 日＋刀＋口＋灬＝照→明照 照明
⑤ ネ＋口＋儿＝祝→→祝日
⑥ 言＋エ＋弋＝試→→試合
⑦ ム＋月＋ヒ＋灬＝熊→白熊
⑧ 广＋卌＋ヒ＋ヒ＝鹿→子鹿

東書4年②

75

66

聞いてほしいな、こんな出来事／じゅく語の意味①

月 日

漢字足し算 19

名前

漢字の足し算をしよう。

＊答えの漢字でことばを作ろう。

① 歹＋三＋戈＝残→→残暑
② 一＋イ＋丶＝不→→不用心
③ 冫＋人＋丶＋マ＝冷→冷気
④ 亻＋氏＋一＝低→→低温
⑤ 氵＋卄＋冂＋山＝満→満員
⑥ 一＋木＝未（別解 末）→→→未来
⑦ 土＋ノ＋ヒ＝老→→老いる
⑧ 丶＋艮＋く＝良→→良心

東書4年②

76

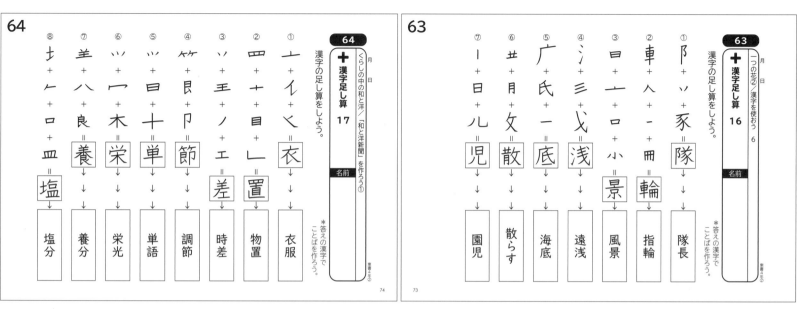

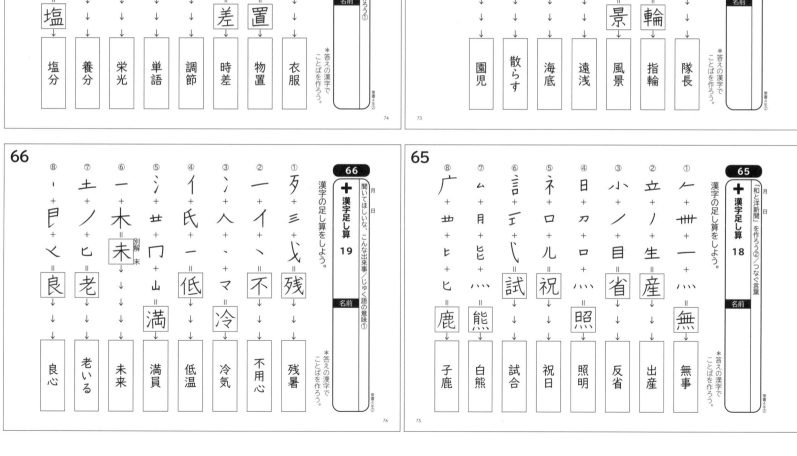

67

67

漢字足し算 20

じゅく語の意味②／ごんぎつね①

月　日

名前

漢字の足し算をしよう。

① 阝＋土＋八＋土＝陸→→→着陸

② 己＋攵＝改→→→改正

③ 土＋斤＋戈＝城→→→城下町

④ 刀＋辶＝辺→→→海辺

⑤ 艹＋爫＋木＝菜→→→菜の花

⑥ 二＋川＝井→→→井戸

⑦ 木＋八＋ム＝松→→→松林

⑧ 亻＋貝＋刂＝側→→→側面

＊答えの漢字でことばを作ろう。

東書4年②

77

68

68

漢字足し算 21

ごんぎつね②～言葉の意味と使い方

月　日

名前

漢字の足し算をしよう。

① 人＋ラ＋心＝念→→→記念

② 糸＋日＋日＋乚＝縄→→→縄とび

③ 冂＋古＋一＝固→→→固定

④ 力＋口＋貝＝賀→→→年賀

⑤ 青＋ク＋⺕＝静→→→安静

⑥ 冂＋土＋口＝周→→→周期

⑦ 子＋ノ＋糸＝孫→→→子孫

⑧ 木＋𠂉＋母＝梅→→→梅酒

＊答えの漢字でことばを作ろう。

東書4年②

78

69

69

漢字足し算 22

百人一首に親しもう／漢字を使おう8

月　日

名前

漢字の足し算をしよう。

① 一＋木＋子＝季→→→夏季

② 木＋乚＝札→→→新札

③ 口＋日＋日＝唱→→→合唱

④ 冂＋丷＋山＝岡→→→静岡

⑤ 广＋亻＋寸＝府→→→京都府

⑥ 亻＋立＋日＋心＝億→→→百億

⑦ 丬＋乚＋く＝兆→→→前兆

⑧ 人＋丶＋マ＝令→→→命令

＊答えの漢字でことばを作ろう。

東書4年②

79

70

月　日

おねがいやお礼の手紙をかこう〜クラスで話し合って決めよう

足りないのはどこ（形をよく見て）8

名前

足りないところを見つけて、正しく書こう。

① 願《がん》書《しょ》 → 願書

② 付《ふ》近《きん》 → 付近

③ 協《きょう》調《ちょう》 → 協調

④ 面《めん》積《せき》 → 面積

⑤ 夫《ふ》人《じん》 → 夫人

⑥ 以《い》外《がい》 → 以外

⑦ 会《かい》議《ぎ》 → 会議

⑧ 目《もく》標《ひょう》 → 目標

東書4年③

71

月　日

漢字を使おう 5／文の組み立てと修飾語①

足りないのはどこ（形をよく見て）9

名前

足りないところを見つけて、正しく書こう。

① 大《たい》群《ぐん》 → 大群

② 郡《ぐん》部《ぶ》 → 郡部

③ 教《きょう》官《かん》 → 教官

④ 血《けっ》管《かん》 → 血管

⑤ 富《ふ》じ山《さん》 → 富じ山

⑥ 生《せい》徒《と》 → 生徒

⑦ 海《かい》水《すい》浴《よく》 → 海水浴

⑧ 街《まち》角《かど》 → 街角

⑨ 電《でん》灯《とう》 → 電灯

⑩ 挙《きょ》手《しゅ》 → 挙手

東書4年③

72

月　日

文の組み立てと修飾語②／一つの花①

足りないのはどこ（形をよく見て）10

名前

足りないところを見つけて、正しく書こう。

① 投《とう》票《ひょう》 → 投票

② 卒《そつ》園《えん》 → 卒園

③ 金《きん》貨《か》 → 金貨

④ 沖《おき》合《あ》い → 沖合い

⑤ 対《たい》戦《せん》 → 対戦

⑥ 争《そう》点《てん》 → 争点

⑦ 給《きゅう》食《しょく》 → 給食

⑧ 昼《ひる》飯《めし》 → 昼飯

⑨ 地《ち》帯《たい》 → 地帯

⑩ 泣《な》き声《ごえ》 → 泣き声

東書4年③

73

月　日

一つの花②／漢字を使おう 6

足りないのはどこ（形をよく見て）11

名前

足りないところを見つけて、正しく書こう。

① 軍《ぐん》歌《か》 → 軍歌

② 兵《ひょう》庫《ご》 → 兵庫

③ 隊《たい》長《ちょう》 → 隊長

④ 指《ゆび》輪《わ》 → 指輪

⑤ 風《ふう》景《けい》 → 風景

⑥ 遠《とお》浅《あさ》 → 遠浅

⑦ 海《かい》底《てい》 → 海底

⑧ 散《ち》らす → 散らす

⑨ 園《えん》児《じ》 → 園児

東書4年③

74

月　日

くらしの中の和と洋／「和と洋新聞」を作ろう／つなぐ言葉①

足りないのはどこ（形をよく見て）12

名前

東書4年③

足りないところを見つけて、正しく書こう。

① 衣《い》服《ふく》 → 衣服
② 物《もの》置《おき》 → 物置
③ 時《じ》差《さ》 → 時差
④ 調《ちょう》節《せつ》 → 調節
⑤ 単《たん》語《ご》 → 単語
⑥ 栄《えい》光《こう》 → 栄光
⑦ 養《よう》分《ぶん》 → 養分
⑧ 塩《えん》分《ぶん》 → 塩分
⑨ 無《ぶ》事《じ》 → 無事
⑩ 出《しゅっ》産《さん》 → 出産
⑪ 反《はん》省《せい》 → 反省
⑫ 照《しょう》明《めい》 → 照明

84

75

月　日

つなぐ言葉②／聞いてほしいな、こんな出来事／じゅく語の意味①

足りないのはどこ（形をよく見て）13

名前

東書4年③

足りないところを見つけて、正しく書こう。

① 祝《しゅく》日《じつ》 → 祝日
② 試《し》合《あい》 → 試合
③ 白《しろ》熊《くま》 → 白熊
④ 子《こ》鹿《じか》 → 子鹿
⑤ 残《ざん》暑《しょ》 → 残暑
⑥ 不《ぶ》用《よう》心《じん》 → 不用心
⑦ 冷《れい》気《き》 → 冷気
⑧ 低《てい》温《おん》 → 低温
⑨ 満《まん》員《いん》 → 満員
⑩ 未《み》来《らい》 → 未来
⑪ 老《お》いる → 老いる
⑫ 良《りょう》心《しん》 → 良心

85

76

月　日

じゅく語の意味②／ごんぎつね／漢字を使おう 7

足りないのはどこ（形をよく見て）14

名前

東書4年③

足りないところを見つけて、正しく書こう。

① 着《ちゃく》陸《りく》 → 着陸
② 改《かい》正《せい》 → 改正
③ 城《じょう》下《か》町《まち》 → 城下町
④ 海《うみ》辺《べ》 → 海辺
⑤ 菜《な》の花《はな》 → 菜の花
⑥ 井《い》戸《ど》 → 井戸
⑦ 松《まつ》林《ばやし》 → 松林
⑧ 側《そく》面《めん》 → 側面
⑨ 記《き》念《ねん》 → 記念
⑩ 縄《なわ》とび → 縄とび
⑪ 固《こ》定《てい》 → 固定
⑫ 年《ねん》賀《が》 → 年賀

86

77

月　日

人物のせいかくと行動を表す言葉〜漢字を使おう 8

足りないのはどこ（形をよく見て）15

名前

東書4年③

足りないところを見つけて、正しく書こう。

① 安《あん》静《せい》 → 安静
② 周《しゅう》期《き》 → 周期
③ 子《し》孫《そん》 → 子孫
④ 梅《うめ》酒《しゅ》 → 梅酒
⑤ 夏《か》季《き》 → 夏季
⑥ 新《しん》札《さつ》 → 新札
⑦ 合《がっ》唱《しょう》 → 合唱
⑧ 静《しず》岡《おか》 → 静岡
⑨ 京《きょう》都《と》府《ふ》 → 京都府
⑩ 百《ひゃく》億《おく》 → 百億
⑪ 前《ぜん》兆《ちょう》 → 前兆
⑫ 命《めい》令《れい》 → 命令

87

78

月　日

おねがいやお礼の手紙を書こう～クラスで話し合って決めよう

漢字を入れよう 12

名前

文を読んで、ぴったりの漢字を入れよう。

①やっとのことで、長年の願いがかなった。

②ぬかるんだ地面に、足あとが付く。

③なかのよい友だちと協力して、作品を作る。

④大雪で、屋根に雪が一メートル積もる。

⑤日にやけた農夫が、畑をたがやす。

⑥大きな木の太さは、一メートル以上もある。

⑦みんなで、学級会の議題を相談する。

⑧お正月に、今年の目標を立てた。

ヒント　議　願　積　協　夫　標　以　付

東書4年④

79

月　日

漢字を使おう5

漢字を入れよう 13

名前

文を読んで、ぴったりの漢字を入れよう。

①落とした角ざとうに、アリが群がっている。

②手紙のあて先に、○○郡○○町と書く。

③あの人は、みんなを守るけいさつ官です。

④水道管がやぶれて、水びたしになる。

⑤商売で成功して、大きな富をえる。

⑥家から学校まで、徒歩で十五分です。

⑦夏休みに、家族で海水浴に行った。

ヒント　郡　浴　管　群　富　徒　官

東書4年④

80

月　日

文の組み立てと修飾語

漢字を入れよう 14

名前

文を読んで、ぴったりの漢字を入れよう。

①町の商店街で、買い物をする。

②夜の海に、灯台の明かりが見える。

③しつ問がある人は、手を挙げてください。

④明日は、市長選きょの投票日です。

⑤六年生が卒業して、中学校に行く。

⑥夜の駅を、貨物列車が通りすぎる。

⑦日本の一番西にある県は、沖なわ県です。

ヒント　沖　灯　街　貨　卒　挙　票

東書4年④

81

月　日

一つの花①

漢字を入れよう 15

名前

文を読んで、ぴったりの漢字を入れよう。

①ゲームに負けないように、作戦を立てる。

②運動会は、赤白で勝ち負けを争う。

③この学校の給食は、とてもおいしい。

④母がエプロンをつけて、夕飯のしたくをする。

⑤お祭りの日、ゆかたを着て帯を結ぶ。

⑥赤ちゃんが、大きな声で泣いている。

⑦おじいさんは軍人で、せんそうに行った。

⑧百人の兵隊が、ならんで行進する。

ヒント　飯　争　兵　給　軍　泣　帯　戦

東書4年④

82

82 一つの花②／漢字を使おう 6
月　日
漢字を入れよう 16
名前

文を読んで、ぴったりの漢字を入れよう。

① レスキュー隊に助けをもとめる。
② 校庭で、友だちと、一輪車の練習をする。
③ 山の上から、百万ドルの夜景をながめる。
④ この海岸は、遠浅で安全だ。
⑤ 海ぞくの船が、海の底にしずんだ。
⑥ 朝早く、犬を散歩に連れて行く。
⑦ 学校に、毎朝、児童が登校する。

ヒント　散　輪　景　児　底　隊　浅

東書4年④

92

83

83 くらしの中の和と洋／「和と洋新聞」を作ろう①
月　日
漢字を入れよう 17
名前

文を読んで、ぴったりの漢字を入れよう。

① 秋になり、夏の衣類をしまう。
② 雨が上がって、電車にかさを置きわすれる。
③ 夜が明けて、部屋に朝日が差しこんだ。
④ 二月三日は節分で、豆まきをする。
⑤ 姉が、カードに単語を書いている。
⑥ この町は昔、宿場町で栄えていた。
⑦ 根から、土の中の養分をとる。
⑧ 海の水は、とても塩からい。

ヒント　衣　差　塩　栄　節　単　置　養

東書4年④

93

84

84 「和と洋新聞」を作ろう②／つなぐ言葉
月　日
漢字を入れよう 18
名前

文を読んで、ぴったりの漢字を入れよう。

① ゲームを買って、お年玉がもう無い。
② かわいい子犬が、三びき産まれた。
③ 自分の悪かったところを、反省する。
④ 今日は、朝から日が照って、とても暑い。
⑤ たん生日を、みんなでお祝いする。
⑥ 野球の試合が、正午に開始される。
⑦ 熊もとは、くまモンのキャラクターが有名だ。
⑧ なら公園の鹿に、せんべいをあげた。

ヒント　熊　鹿　産　照　無　祝　省　試

東書4年④

94

85

85 聞いてほしいな、こんな出来事／じゅく語の意味①
月　日
漢字を入れよう 19
名前

文を読んで、ぴったりの漢字を入れよう。

① 屋根の上に、きのうの雪が残っている。
② うまくいくかどうか、不安でねむれない。
③ 今日はくもりで、プールの水が冷たい。
④ ぼくは兄より、ずいぶんせが低い。
⑤ 今夜の月は、真ん丸の満月だ。
⑥ 十年後の未来の自分へ、手紙を書く。
⑦ バスで、乗ってきた老人に席をゆずる。
⑧ なかの良い友だちと、公園で遊ぶ。

ヒント　未　残　満　不　低　良　老　冷

東書4年④

95

86

86 漢字を入れよう 20
じゅく語の意味②／ごんぎつね①
月 日
名前

文を読んで、ぴったりの漢字を入れよう。

① 船の上から、遠くの**陸**地を見る。
② 心を**改**めて、もう一度取り組む。
③ この町は、古くからの**城**下町です。
④ 三角形の、三つの**辺**の長さをはかる。
⑤ 夕食のおかずに、野**菜**サラダを作った。
⑥ 福**井**県の形は、ゾウの顔ににている。
⑦ 森の中で、**松**ぼっくりを拾う。
⑧ 学校のろうかは、右**側**を歩きます。

ヒント 菜 改 井 側 辺 陸 城 松

東書4年④

96

87

87 漢字を入れよう 21
ごんぎつね②〜言葉の意味と使い方
月 日
名前

文を読んで、ぴったりの漢字を入れよう。

① ゆう勝した記**念**に、メダルをもらった。
② 沖**縄**県の海は、サンゴがきれいだ。
③ 工作で使うのりが、**固**まってしまった。
④ 来年のえとを入れて、年**賀**じょうを作った。
⑤ 「シーン」と**静**かで、音がしない。
⑥ 船で、世界一**周**の旅をする。
⑦ おじいさんが、小さな**孫**の手を引いて歩く。
⑧ すっぱい**梅**ぼしを、口に入れる。

ヒント 周 梅 縄 固 念 賀 孫 静

東書4年④

97

88

88 漢字を入れよう 22
百人一首に親しもう／漢字を使おう 8
月 日
名前

文を読んで、ぴったりの漢字を入れよう。

① 一年には春夏秋冬の、四**季**がある。
② 学校では、左むねに名**札**をつけている。
③ 合**唱**コンクールで歌う曲を決める。
④ ももたろうのお話は、**岡**山県で生まれた。
⑤ 日本には、四十七の都道**府**県がある。
⑥ たからくじが当たって**億**万長者になる。
⑦ 一おくの一万倍は、一**兆**です。
⑧ 遠足で、先生が集合の号**令**をかける。

ヒント 兆 令 億 府 札 季 唱 岡

東書4年④

98

89

月　日

数え方を生みだそう／漢字を使おう 9

かくれたパーツをさがせ 30

名前

かくれたパーツをさがして、かんせいさせよう。

① 建《た(てる)》　② 希《キ》　③ 梨《なし》　④ 芸《ゲイ》　⑤ 茨《いばら》　⑥ 欠《ケツ》

① 家《いえ》を建《た》てる。
② 希望《きぼう》を持《も》つ。
③ 山梨《やまなし》県の道路《どうろ》。
④ 手芸《しゅげい》を始《はじ》める。
⑤ 茨《いばら》の道《みち》を進《すす》む。
⑥ 出欠《しゅっけつ》を調《しら》べる。

東書4年①

90

月　日

調べたことをほうこくしよう／漢字を使おう 10①

かくれたパーツをさがせ 31

名前

かくれたパーツをさがして、かんせいさせよう。

① 仲《なか》　② 徳《トク》　③ 径《ケイ》　④ 鏡《かがみ》　⑤ 牧《ボク》　⑥ 各《カク》

① 仲間《なかま》と活動《かつどう》する。
② 道徳《どうとく》の時間《じかん》。
③ 円《えん》の直径《ちょっけい》。
④ 鏡《かがみ》に顔《かお》がうつる。
⑤ 牧場《ぼくじょう》の牛《うし》や馬《うま》。
⑥ 各地《かくち》の天気《てんき》。

東書4年①

91

月　日

漢字を使おう 10②／同じ読み方の漢字①

かくれたパーツをさがせ 32

名前

かくれたパーツをさがして、かんせいさせよう。

① 氏《シ》　② 労《ロウ》　③ 極《キョク》　④ 昨《サク》　⑤ 副《フク》　⑥ 臣《ジン》

① 氏名《しめい》を表《ひょう》に書《か》く。
② 苦労《くろう》を重《かさ》ねる。
③ 南極《なんきょく》は寒《さむ》い。
④ 昨年《さくねん》の冬《ふゆ》のこと。
⑤ 副代表《ふくだいひょう》になる。
⑥ 大臣《だいじん》の仕事《しごと》。

東書4年①

92

月　日

同じ読み方の漢字②／世界一美しいぼくの村

かくれたパーツをさがせ 33

名前

かくれたパーツをさがして、かんせいさせよう。

① 課《カ》　② 械《カイ》　③ 香《か》　④ 民《ミン》　⑤ 勇《いさ(む)》　⑥ 信《シン》

① 課題《かだい》を出《だ》す。
② 機械《きかい》で動《うご》く人形《にんぎょう》。
③ 香川《かがわ》県の知事《ちじ》。
④ 住民《じゅうみん》が話《はな》し合《あ》う。
⑤ 勇《いさ》ましいかけ声《ごえ》。
⑥ 赤信号《あかしんごう》で止《と》まる。

東書4年①

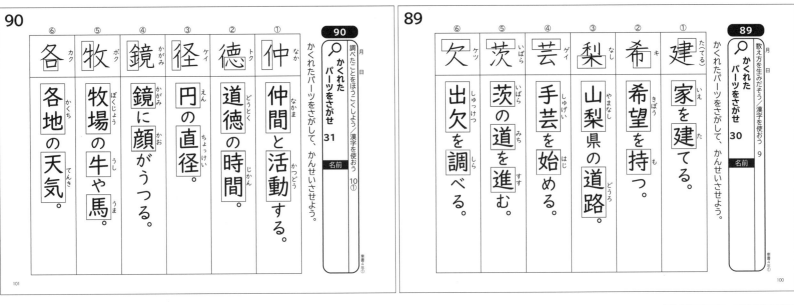

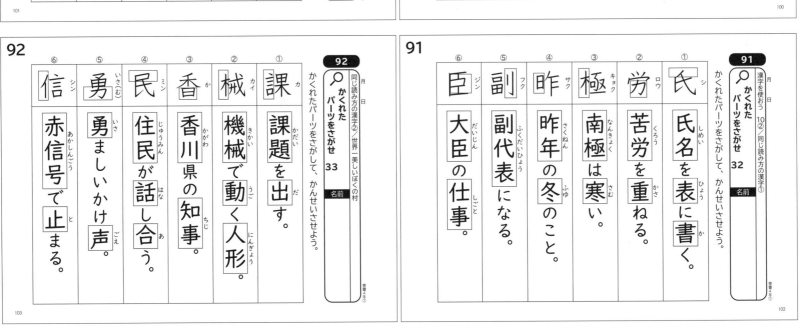

93

93

漢字を使おう 11①　月　日

かくれたパーツをさがせ 34

名前

かくれたパーツをさがして、かんせいさせよう。

① 潟《かた》　新潟《にいがた》県の学校《がっこう》。

② 岐〔キ〕　岐阜《ぎふ》市の人口《じんこう》。

③ 阜《フ》　岐阜《ぎふ》県の公園《こうえん》。

④ 栃《とち》　栃木《とちぎ》県の国道《こくどう》。

⑤ 埼《さい》　埼玉《さいたま》県の病院《びょういん》。

⑥ 奈《ナ》　奈良《なら》県の大学《だいがく》。

東書4年①

104

94

94

漢字を使おう 11②　月　日

かくれたパーツをさがせ 35

名前

かくれたパーツをさがして、かんせいさせよう。

① 滋〔ジ〕　滋賀《しが》県の湖《みずうみ》。

② 阪〔ハン〕　東京《とうきょう》と大阪《おおさか》。

③ 媛〔エン〕　愛媛《えひめ》県の東部《とうぶ》。

④ 佐《サ》　佐賀《さが》県の文化《ぶんか》。

⑤ 崎《さき》　長崎《ながさき》県の北部《ほくぶ》。

東書4年①

105

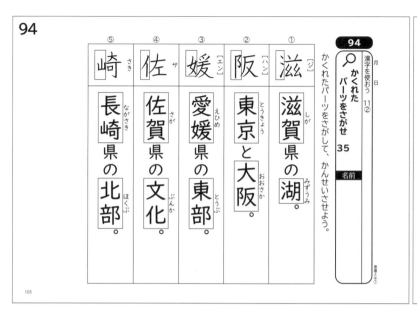

3学期の答え 95〜98

95

95 漢字足し算 23

数え方を生みだそう／漢字を使おう 9／調べたことをほうこくしよう

月　日　名前

漢字の足し算をしよう。

*答えの漢字でことばを作ろう。

① ヨ＋キ＋廴＝建 → 建国
② メ＋ナ＋巾＝希 → 希望
③ 禾＋リ＋木＝梨 → 梨の木
④ 艹＋二＋ム＝芸 → 芸人
⑤ 艹＋冫＋欠＝茨 → 茨の道
⑥ 𠂉＋人＝欠 → 出欠
⑦ イ＋口＋｜＝仲 → 仲間

東書4年②

106

96

96 漢字足し算 24

漢字を使おう 10

月　日　名前

漢字の足し算をしよう。

*答えの漢字でことばを作ろう。

① 彳＋十＋罒＋心＝徳 → 徳島
② 彳＋又＋土＝径 → 半径
③ 金＋立＋日＋儿＝鏡 → 鏡台
④ 牛＋攵＝牧 → 牧場
⑤ 夂＋口＝各 → 各自
⑥ 𠂆＋七＝氏 → 氏名

東書4年②

107

97

97 漢字足し算 25

同じ読み方の漢字

月　日　名前

漢字の足し算をしよう。

*答えの漢字でことばを作ろう。

① ⺍＋冖＋力＝労 → 苦労
② 木＋了＋口又＋一＝極 → 北極
③ 日＋𠂉＋ト＝昨 → 昨夜
④ 一＋口＋田＋刂＝副 → 副会長
⑤ ｜＋一＋コ＋一＝臣 → 大臣
⑥ 言＋日＋木＝課 → 課題
⑦ 木＋一＋廾＋戈＝械 → 機械

東書4年②

108

98

98 漢字足し算 26

世界一美しいぼくの村／漢字を使おう 11①

月　日　名前

漢字の足し算をしよう。

*答えの漢字でことばを作ろう。

① 一＋木＋日＝香 → 香川
② 𠃜＋七＝民 → 市民
③ マ＋田＋力＝勇 → 勇者
④ イ＋二＋言＝信 → 自信
⑤ 氵＋臼＋勹＋灬＝潟 → 新潟
⑥ 山＋十＋又＝岐 → 岐阜
⑦ ノ＋㠯＋十＝阜 → 岐阜
⑧ 木＋厂＋万＝栃 → 栃木

東書4年②

109

99

99

月　日

漢字を使おう 11②

漢字足し算 27

名前

漢字の足し算をしよう。

＊答えの漢字でことばを作ろう。

① 土＋大＋可＝埼 → 埼玉

② 大＋示＝奈 → 奈良

③ 氵＋䒑＋幺＋幺＝滋 → 滋賀

④ 阝＋反＝阪 → 大阪

⑤ 女＋爫＋友＝媛 → 愛媛

⑥ 亻＋左＝佐 → 佐賀

⑦ 山＋大＋可＝崎 → 宮崎

東書4年②

110

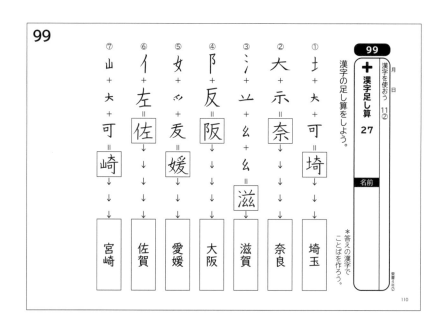

100

100 月 日

数え方を生みだそう～漢字を使おう 10①

足りないのはどこ（形をよく見て）16

名前

足りないところを見つけて、正しく書こう。

① 建《けん》国《こく》 → 建国

② 希《き》望《ぼう》 → 希望

③ 梨《なし》の木《き》 → 梨の木

④ 芸《げい》人《にん》 → 芸人

⑤ 茨《いばら》の道《みち》 → 茨の道

⑥ 出《しゅっ》欠《けつ》 → 出欠

⑦ 仲《なか》間《ま》 → 仲間

⑧ 徳《とく》島《しま》 → 徳島

⑨ 半《はん》径《けい》 → 半径

⑩ 鏡《きょう》台《だい》 → 鏡台

⑪ 牧《ぼく》場《じょう》 → 牧場

⑫ 各《かく》自《じ》 → 各自

東書4年③

111

101

101 月 日

漢字を使おう 10②／同じ読み方の漢字／世界一美しいぼくの村

足りないのはどこ（形をよく見て）17

名前

足りないところを見つけて、正しく書こう。

① 氏《し》名《めい》 → 氏名

② 苦《く》労《ろう》 → 苦労

③ 北《ほっ》極《きょく》 → 北極

④ 昨《さく》夜《や》 → 昨夜

⑤ 副《ふく》会《かい》長《ちょう》 → 副会長

⑥ 大《だい》臣《じん》 → 大臣

⑦ 課《か》題《だい》 → 課題

⑧ 機《き》械《かい》 → 機械

⑨ 香《か》川《がわ》 → 香川

⑩ 市《し》民《みん》 → 市民

⑪ 勇《ゆう》者《しゃ》 → 勇者

⑫ 自《じ》信《しん》 → 自信

東書4年③

112

102

102 月 日

漢字を使おう 11

足りないのはどこ（形をよく見て）18

名前

足りないところを見つけて、正しく書こう。

① 新《にい》潟《がた》 → 新潟

② 岐《ぎ》阜《ふ》 → 岐阜

③ 栃《とち》木《ぎ》 → 栃木

④ 埼《さい》玉《たま》 → 埼玉

⑤ 奈《な》良《ら》 → 奈良

⑥ 滋《し》賀《が》 → 滋賀

⑦ 大《おお》阪《さか》 → 大阪

⑧ 愛《え》媛《ひめ》 → 愛媛

⑨ 佐《さ》賀《が》 → 佐賀

⑩ 宮《みや》崎《ざき》 → 宮崎

東書4年③

113

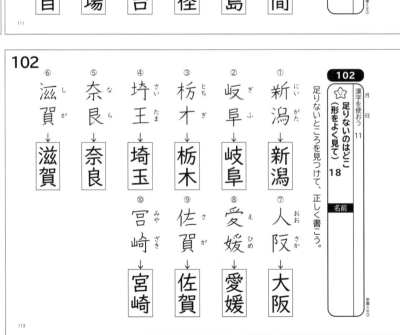

103

103 月 日 数え方を生みだそう／漢字を使おう 9／調べたことをほうこくしよう

漢字を入れよう 23 名前

文を読んで、ぴったりの漢字を入れよう。

① 駅前に、新しいビルが**建**った。
② あの人は、みんなの**希**望の星だ。
③ リニア新かん線は、山**梨**県を通る。
④ テレビに、お笑い**芸**人が出ている。
⑤ らくな道ではなく、**茨**の道を選んでがんばる。
⑥ 体のために、毎日**欠**かさず運動をする。
⑦ けんかをした友だちと、**仲**直りをする。

ヒント 希 仲 欠 建 梨 茨 芸

東書4年④

114

104

104 月 日 漢字を使おう 10

漢字を入れよう 24 名前

文を読んで、ぴったりの漢字を入れよう。

① 今日の三時間目は、道**徳**の時間です。
② この円の直**径**は、何センチですか。
③ 天体望遠**鏡**で、星を見た。
④ 高原の**牧**場に、牛や馬がいる。
⑤ テレビで、日本**各**地の天気を見る。
⑥ 持ち物には、必ず**氏**名を書いてください。

ヒント 牧 鏡 氏 徳 径 各

東書4年④

115

105

105 月 日 同じ読み方の漢字

漢字を入れよう 25 名前

文を読んで、ぴったりの漢字を入れよう。

① わがままで、家族に苦**労**をかける。
② 動物園で、北**極**熊の親子を見た。
③ 今年は、**昨**年より雪の日が多い。
④ 放送委員の、委員長と**副**委員長を決める。
⑤ 国会で、日本のそう理大**臣**を決める。
⑥ あの人は、縄とびを毎日の日**課**にしている。
⑦ 工場で、大きな機**械**が動いている。

ヒント 課 極 労 械 昨 臣 副

東書4年④

116

106

106 月 日 世界一美しいぼくの村／漢字を使おう 11①

漢字を入れよう 26 名前

文を読んで、ぴったりの漢字を入れよう。

① **香**川県は、うどんが有名な四国の県です。
② 新しい市長が、住**民**の声を聞く。
③ 強い相手と、**勇**気を出して戦う。
④ 赤**信**号から青に変わって、車が動き出す。
⑤ 新**潟**県では、おいしいお米がたくさんとれる。
⑥ 長野県や、となりの**岐**ふ県には海がない。
⑦ ぎ**阜**県は、日本の真ん中にある県です。
⑧ **栃**木県は、いちご王国とよばれています。

ヒント 阜 栃 岐 民 信 香 勇 潟

東書4年④

117

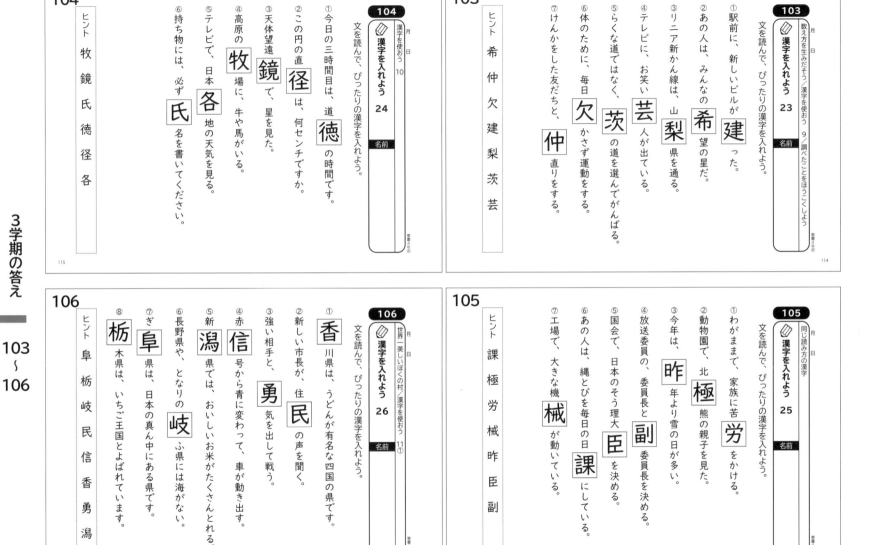

107

107

漢字を使おう 11②

月　日

漢字を入れよう 27

名前

文を読んで、ぴったりの漢字を入れよう。

①東京都の北側に、埼玉県がある。

②神奈川県の横はまは、港町です。

③滋賀県には、日本一大きな湖がある。

④たこやきが有名なのは、大阪です。

⑤愛媛県は、四国にある県です。

⑥佐賀県で、熱気球の大会が開かれた。

⑦長崎で、カステラのおみやげを買った。

ヒント　滋　奈　埼　佐　阪　媛　崎

東書4年㊦

118

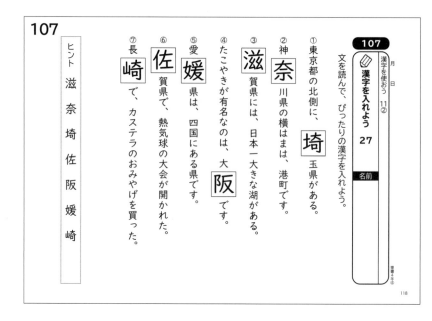

【監修者】
竹田　契一（たけだ　けいいち）
大阪医科薬科大学 LD センター顧問，大阪教育大学名誉教授

【著者】
村井　敏宏（むらい　としひろ）
青丹学園発達・教育支援センター フラーテル L.C.,
S.E.N.S（特別支援教育士）スーパーバイザー，言語聴覚士,
日本 LD 学会会員，日本 INREAL 研究会事務局

中尾　和人（なかお　かずひと）
小学校教諭，S.E.N.S（特別支援教育士），公認心理師，
精神保健福祉士，日本 LD 学会会員

【イラスト】 木村美穂
【表紙デザイン】 ㈲ケイデザイン

通常の学級でやさしい学び支援
改訂　読み書きが苦手な子どもへの
<漢字>支援ワーク　東京書籍４年

2024年８月初版第１刷刊　監修者　竹　田　契　一
©著　者　村　井　敏　宏
中　尾　和　人
発行者　藤　原　光　政
発行所　明治図書出版株式会社
http://www.meijitosho.co.jp
（企画・校正）西野千春
〒114-0023　東京都北区滝野川7-46-1
振替00160-5-151318　電話03(5907)6640
ご注文窓口　電話03(5907)6668

＊検印省略　組版所　株　式　会　社　明　昌　堂

Printed in Japan　ISBN978-4-18-923433-3